¿QUÉ HARÍAS SI SUPIERAS QUE NO VAS A FRACASAR?

Tu primer paso al emprendimiento haciendo aquello que amas

Jorge Moreno

¿Qué harías si supieras que no vas a fracasar?

Tabla de contenido

¿Qué harías si supieras que no vas a fracasar?

COPYRIGHT / DERECHOS DE AUTOR

¿Qué harías si supieras que no vas a fracasar?

Copyright © 2018 por Jorge Moreno

INTRODUCCIÓN

"Los pobres no necesitan compasión, necesitan inspiración"

"Lo mejor que podemos hacer por otro, no es solo compartir con él, nuestras riquezas, sino mostrarle las suyas"

— **Benjamín Disraeli**

"Los pobres no necesitan compasión, necesitan inspiración".

"RENUNCIO" Fue la palabra que detonó la vida como la conozco ahora. En ese momento todo cambió, o quizá ya había cambiado desde antes pero no había tenido el valor de reconocerlo. Digamos que el día que pronuncié aquella "insultante" palabra, mi vida jamás volvió a ser la misma. Una nueva vida, comenzó el día que renuncié.

Trabajaba para una importante compañía de telefonía móvil. Desperdicié mucho tiempo de mi vida, yendo todas las mañanas al mismo lugar a la misma hora y saliendo todas las tardes, también a la misma hora. Mi trabajo no solo se me hacía aburrido y poco retador para las capacidades que yo sabía que tenía, sino que se me hacía una especie de "ladrón" que me arrebataba minuto a minuto el activo más preciado que tengo: "mi tiempo"

Lo único que lograba mantenerme contento durante el tiempo que pasaba en el trabajo era el café, que además de sacudirme la pereza de las horas invertidas en sonreírle fingidamente a los clientes, es algo que me encanta disfrutar y saborear.

Tomaba unas seis tazas diarias para mantener mi mente alerta. Suficiente cafeína como para mantener mi cabeza trabajando a mil por hora.

Para aquel entonces alguien me envió un meme. Si ya sabes, de estas cosas que te aparecen en Facebook todo el tiempo y que te dan mucha risa. Pero este en particular, más allá de causarme risa, reenviarlo y luego olvidarlo, la imagen fue uno de los tantos puntos de quiebre que lograron en mí una poderosa reflexión para tomar decisiones trascendentales. La imagen mostraba a un hombre mayor, de unos sesenta años, con barba canosa, bien parecido y vestido con ropa de marca. Estaba apoyado sobre la puerta de su majestuoso Lamborghini negro. El texto decía algo como: "Mi jefe llegó ayer al trabajo en su nuevo auto deportivo y le dije: '¡Vaya! Ese auto se ve fenomenal. A lo que mi jefe respondió: 'Si sigues trabajando duro, cumples con tus horas y apuntas a la excelencia... El año que viene me compro uno mejor'". La imagen no podía ser más clara.

Entonces mis pensamientos siempre eran los mismos: cómo encontrar una mejor forma de ganarme la vida, haciendo algo que de verdad me gustara y viviendo la vida bajo mis propios términos. No los de alguien más.

Lo estuve pensando por algún tiempo, no tenía la idea tan clara, pero sabía que la respuesta estaba en el emprendimiento de mi propio negocio.

Aún y cuando no tenía un plan muy definido, decidí que tenía que tomar acción. Así que el día finalmente llegó, un antiguo compañero de trabajo me hacía una invitación que no era del todo tentadora, sin embargo, me lancé a la aventura sin inspeccionar previamente el terreno.

No quise ni consultarlo con la almohada, de hecho, tampoco lo hice con mi esposa, la oferta estaba hecha.

A los pocos días después me encontraba subiendo los pisos de la escalera de caracol, para llegar a la oficina de mi jefe. Era una decisión irrevocable, presentaría mi renuncia.

No tuve temor, al contrario, una fuerza se apoderó de mi cuerpo y me llevó a tomar la primera de las acciones que desencadenarían el cambio. Era como el turista en un lugar raro y desconocido que, incluso con una sensación de miedo instalada en el estómago, se aventura a una experiencia arriesgada, sin examinar demasiado las consecuencias.

Abrí la puerta de aquella oficina sin anunciarme y sin que me temblara el pulso, puse la carta de renuncia sobre su escritorio.

En ese momento, mi vida había salido de órbita. ¿Qué carajos acababa de hacer? ¿Qué iba a hacer después? ¿Qué iba a pasar conmigo y con mi familia a partir de ese momento? ¿Qué pasa si todo sale mal? Son preguntas que me inundaban y que en ese momento no tenían respuesta. Pero muy dentro de mí, lo único que sabía era que estaría bien.

Ha pasado casi una década desde que dejé de disfrutar de los "beneficios" de aquel empleo promedio. Como la gran mayoría de los mexicanos y los ciudadanos del mundo, pasé años de mi vida cumpliendo con una rutina que parecía estar diseñada para alguien más, pero no para mí.

Rutina que había decidido adoptar, y por consiguiente era mía, pero que se sentía completamente ajena. Comenzaba con el enloquecedor ruido que hacía mi despertador, un sonido que entonces resultaba poco armónico y nada alentador para comenzar el día. Después de una ducha rápida y el típico lavado de dientes y gel en el cabello, me sentía listo, o más bien conforme, con iniciar una vez más, una nueva jornada laboral. Ahí venía un nuevo día, de seguir órdenes, cuidar protocolos y enriquecer a alguien más con mi buen trabajo. Todos mis días eran iguales y estaban cargados siempre, de "más de lo mismo".

Recuerdo perfectamente cada uno de esos días en el centro de atención. Gente entrando y saliendo, pidiendo informes, haciendo reclamos y generando pedidos. Y yo, con el uniforme bien puesto y siempre una bonita cara ahí estaba a su disposición a cambio de unos cuantos pesos que no me hacían feliz y que ni siquiera eran suficientes. Pasé años viendo cada quince minutos el gigantesco reloj de la pared esperando que las manecillas me dijeran que había terminado la jornada.

Las noches en cambio, eran un deleite. Estaban llenas de cosas interesantes para mí. De libros, de videos y en general de nuevos conocimientos que empezaban a "lavarme" la cabeza con la idea de que había una mejor y más productiva forma de vivir. Un libro me acompañaba en ese entonces, *"Los secretos de la mente millonaria"*.

Apalancado por la lectura, un buen día, decidí interrogar a uno de mis compañeros de trabajo. Su opinión era importante, ya que quería ver si una persona que trabaja codo a codo conmigo por el bien de la empresa, estaba de acuerdo con mis nuevas ideas o me tiraba de a loco. De inmediato, descubrí que se trataba de lo segundo.

Aquel día lo cuestioné sin rodeos. Quería su respuesta más honesta, por lo que no le concedí mucho tiempo para las divagaciones.

— "¿Cuáles son tus aspiraciones? ¿Qué te imaginas haciendo al salir de aquí?". Sentía curiosidad por aquello que lo motivaba, eso que impulsaba sus acciones. ¿En dónde estaba su mente cuando abandonaba las cuatro paredes de nuestra oficina compartida?

Lo vi titubear, quizás buscaba las palabras más exactas para responder. Después de unos largos segundos el silencio se rompió.

— "¿A qué te refieres con eso?", me dijo con cara de duda. "Creo que me conformo con esta vida. Con lo que gano aquí puedo estar cómodo. Pago mi renta y no me falta nada. La riqueza no es para mi. No me quiero pelear con los ricos por ganar un puesto en ese peldaño, cuando en el sitio en el que me encuentro soy feliz".

Su respuesta había logrado descomponerme. Si hubiéramos sido contrincantes enfrentados sobre un ring, probablemente me habría noqueado con un derechazo. Esas palabras me pusieron fuera del combate. ¿Cómo es que no soñaba con algo más? ¿Cómo era aquello posible?

Vivimos en un mundo de abundancia, en el que además hay riquezas para todos. Todos podemos ser ricos, pero también todos podemos ser pobres. Las etiquetas o los "peldaños" no son definitivos.

Me gusta comparar la abundancia y su accesibilidad con la siembra. Así como una semilla es puesta sobre el suelo fértil y crece frondosa con los cuidados más precisos, para dar frutos y flores que, a su vez, darán nuevas semillas y nuevas posibilidades de vida, así sucede con el dinero. Las riquezas se reproducen y solo aquellos que se acerquen inteligentemente al terreno fecundo para hacerse con la semilla poderosa, podrán obtener los jugosos frutos o las flores de delicioso aroma.

No se trata de nacer rico, nacer pobre o de aceptar el lugar en el que la vida nos ha puesto, en este juego no vale conformarse. Todos estos son pensamientos que han sido implantados en nuestras mentes, es información que ha quedado grabada en nuestros discos duros y que pone en riesgo nuestros sueños y aspiraciones peligrosamente.

Alguna vez leí en un libro una frase que se quedó grabada en mi memoria. "Los pobres no necesitan compasión, necesitan inspiración".

Años más tarde pude vivir una experiencia en primera persona que me hizo comprobar la veracidad de estas palabras.

Pertenezco a una fundación que se encarga de llevar donativos a personas en situación precaria. La comida y los juguetes que les regalan son un placebo, una compresa de agua tibia que calma el dolor pero que no erradica el problema. Quizás saciarán su hambre por unos días, pero volverán a su rutina y el apetito despertará voraz para nuevamente encontrarse en la misma situación, en la misma escena de siempre. Una que se repite sin cesar.

Darles limosna y compasión los mantendrá en la pobreza por siempre. Inspirarlos, impulsarlos a buscar por sus medios algo mejor, los hará salir de su pobreza, que es tan mental como absoluta.

Lo que necesitas ahora, en este preciso instante de tu vida, no es una idea millonaria. Requieres aprender, de forma inmediata, a formatear tu disco duro para eliminar la información que no te deja avanzar.

Y para eso está escrito este libro, para ayudarte a sembrar esa semilla que con el tiempo, tan corto o tan largo como tú lo decidas, te de los frutos de una vida próspera, que se base en seguir las reglas que te has impuesto a ti mismo. Emprendiendo, invirtiendo en activos que te darán seguridad y abundancia económica, pero, sobre todo, libertad de decidir hacer lo que quieras, cuando tú lo quieras. Sin depender de tu jefe o de tu horario de trabajo.

A través de este libro te invito a cambiar tu mente para prosperar y sobre todo para que empieces a encontrarle un sentido diferente a la vida. Un sentido que te ayude a responder una pregunta fundamental:

¿Qué harías si supieras que no vas a fracasar?

Bienvenido

¿Qué harías si supieras que no vas a fracasar?

CAPÍTULO 1

Cambiando la mentalidad

"Soy el más rápido, el más rudo y el más lindo"
— Mohamed Alí

Mohamed Alí, dijo esas palabras 10 años antes de ser el más rápido, el más rudo y el más lindo. 10 años antes de ser el más grande. Él nunca dudó, estaba seguro de que lo sería y... Lo fue. Un boxeador que fue el primero en conquistar en tres oportunidades el título mundial de peso completo. A estas sabias palabras, el campeón agregó: *"No fui muy listo en la escuela, pero no me avergüenzo. Lo que quiero decir es, ¿cuánto dinero puede ganar el rector de un colegio?"*

Cuando alguien se atreve a pronunciar estas palabras, así como él, puedo asegurarte que es altamente probable que sean evaluadas por los demás como el mensaje de una persona arrogante. Pero en mi opinión, se trata de todo lo contrario.

Incluso opino, que así es como deberíamos referirnos todos sobre nosotros mismos. Pero nos han enseñado desde casa, a ser "humildes" y entendemos eso como un acto de educación y buenos modales, pero nos confundimos en el sentido de lo que significa realmente "ser humilde" y en lo que esa humildad, mal canalizada, puede hacer con nosotros. En la mayoría de las familias de México, vale más ser pobre pero honrado.

Yo viví y crecí en una familia de clase media. No teníamos grandes carencias, pero tampoco grandes lujos. Recuerdo perfectamente los días de quincena. Mi papá llegaba con pan recién hecho para cenar a la casa y toda la familia se reunía feliz a celebrar la abundancia y la felicidad plena que nos daba, en ese momento, un trozo de pan. Mi madre siempre decía que éramos afortunados y que, por momentos como ese, lo teníamos todo.

Y creo que era cierto, en ese momento, no nos hacía falta nada más. El problema era cuando las cosas no andaban bien. Cuando a mi papá le bajaba el trabajo o cuando había que hacer frente a una enfermedad de la familia o a alguna eventualidad. Ahí es donde las cosas se empezaban a poner difíciles y mis padres deseaban con toda el alma, tener un poco más de dinero. Entonces aparecía el cuestionamiento ¿por qué no podemos tener más?

Quizá en ese momento yo no lo tenía tan claro, pero sabía que cuando fuera grande, yo no quería pasar por lo mismo.

Y el origen del problema era que mis papás siempre tuvieron una connotación negativa acerca del dinero. En mi familia y en las casas de vecinos y amigos que frecuentábamos, siempre se decían cosas como: "es difícil ganar dinero", "el dinero es el origen de todos los males", "el dinero es para gente mala" y, una vez más, la condecorada frase de la gran familia mexicana, "mejor pobres, pero honrados"

1.1 Rompe las barreras mentales sobre el dinero

Quizá tú aun no te has dado cuenta, pero todo este sentimiento de orgullo por ser pobre, honrado y humilde tiene grandes repercusiones en nuestra vida adulta. Las personas regularmente hacen todo lo que esté a su alcance, por alejarse consciente o inconscientemente, de aquello que produce riqueza.

Muchas son las ocasiones en las que interpretamos el papel antagónico de nuestras vidas. Nos imponemos en nuestros propios caminos para no permitirnos avanzar. Somos nuestro peor enemigo. Es a través de nuestros pensamientos e ideas como encontramos la manera de sabotear el proceso que conduce las decisiones a las acciones más precisas que permitan el avance y el cambio.

Las denominadas barreras mentales se han presentado en el camino para demorar tu llegada a la meta. Has vivido con ellas por tanto tiempo, que te has acostumbrado.

No te preocupes, no ha sido tu culpa. Tu subconsciente ha estado alerta desde el mismo momento de tu nacimiento. Su tarea ha sido ardua, pero ha logrado su misión a cabalidad. Tu subconsciente, recopiló toneladas de conocimientos, ideas e informaciones que forjaron, mientras no te dabas cuenta, algunos rasgos de tu personalidad, tus ideas, prejuicios y paradigmas.

Existe un popular experimento para el cual se encerraron a cinco monos dentro de una jaula. En el centro de aquel espacio se encontraba erguida una escalera de metal y sobre ella, coronando la cúspide, había un amarillo y provocativo racimo de plátanos.

Lo que estaba a punto de pasar resulta más que evidente. No pasó mucho tiempo antes de que uno de los monos intentara subir para hacerse merecedor del delicioso premio. Para su sorpresa, al terminar de trepar la escalera, sería recibido con un frío chorro de agua que lo dejaría empapado y lo alejaría de su misión.

Fue así, a base de intentos y repeticiones, como los simios aprendieron la lección. Intentar subir para tomar un plátano suponía una terrible desgracia. Cada vez que uno de ellos se desesperaba e intentaba nuevamente cumplir su meta, los demás lo persuadían iracundamente para que alejara la idea de su mente.

Los cinco monos dejaron de intentarlo. Había llegado el momento. Entonces los científicos intervinieron nuevamente para ponerle algo de picante al experimento. Uno de los monos fue remplazado por uno nuevo, uno que venía con la mente fresca, libre de vicios. Era obvio, movido por su instinto el mono intentaría escalar para obtener su recompensa. Su impulso fue detenido por un violento arrebato de sus nuevos compañeros de celda, quienes no querían más agua. La paliza fue tal, que el nuevo mono, nunca intentó subir.

Todos los monos fueron remplazados uno a uno. Llegó el día en que la jaula estaba llena de nuevos integrantes, ninguno había intentado trepar por la escalera, ninguno había recibido ni una gota de agua. Sin embargo, jamás fantasearon con la idea de subir por los plátanos, nunca sintieron el impulso, nunca lo intentaron, sabían que de hacerlo recibirían una fuerte paliza de sus compañeros de celda.

Hemos heredado cultura, conocimientos, tradiciones y vivencias. Nuestros padres y los padres de nuestros padres quizás nunca intentaron subir la escalera, pues sus ancestros lo hicieron, sufrieron las

33

consecuencias y pasaron las costumbres de generación en generación.

Vivimos la vida con un equipaje demasiado cargado y lo más alarmante es que un gran porcentaje de lo que llevamos a cuestas en esas maletas, no es producto real de nuestras propias vivencias.

Leerlo, asimilarlo y darte cuenta de que no has vivido una vida plena y de acuerdo a tu propio aprendizaje, experiencias y resultados, puede causarte un poco de temor. Pero, al contrario, deberías sentirte liberado. Estar consiente de ello es el primer gran paso hacia la liberación mental.

Deslastrarse de todo este contenido que hemos acumulado por herencia no pareciera ser una tarea sencilla. De hecho, no lo es. Son años y más años de ideas que fueron plantadas en nuestras mentes y que crecieron fértiles direccionando el rumbo de cada una de nuestras decisiones. Le hemos cedido el control de nuestra vida a la mente prejuiciosa y al ego, que se alimenta de estas ideas absurdas con las que sentimos una extraña afinidad.

Hemos acordado que esta primera fase para liberar la mente consiste en hacer real este nuevo conocimiento, por medio de su asimilación. Es decir, aceptar que tenemos ideas que nos dominan y gobiernan es la manera más ideal de comenzar a trazar nuevas rutas. Ahora, existen múltiples herramientas y ejercicios que puedes poner en práctica para "limpiar el disco duro" y comenzar a pensar con una mente fresca y nueva, libre de cualquier tipo de prejuicio.

Pero la herramienta más poderosa de todas es que tomes "la decisión". Así es, la decisión de cambiar viejos patrones que te fueron heredados sin tu consentimiento. Patrones con respecto al dinero, a la salud, a la pareja y a la abundancia.

Tú puedes tener más. Tú puedes ser rico si así lo decides. Es real, no es truco ni sueño guajiro. La gente que no ha conseguido libertad financiera es simplemente por que no se le ha ocurrido que puede lograrlo. Esta idea jamás ha estado en su radar y jamás lo estará, si no toma esa decisión.

No es malo ser rico, no es malo generar abundancia, al contario. Es una consecuencia de todo el valor que le has agregado a otras personas.

Rompiendo paradigmas

"Los ricos ya son ricos, yo nunca llegaré a hacerlo".

Esta idea, tan cotidiana como falsa, es un planteamiento constante en la mente de todos aquellos seres humanos que hayan coqueteado con la idea de superación y prosperidad económica. Bien sea para subir de estrato social, para comenzar un nuevo emprendimiento, que les brinde mejoras en su calidad de vida o para explorar la posibilidad de trabajar en aquello que verdaderamente les apasiona.

Estamos frente a un paradigma clásico.

Las personas solemos vivir la vida con miedo, siempre limitadas, porque nos han enseñado a "evitar el riesgo" desde el primer momento que comenzamos a respirar.

Ahora es tiempo de revelar un secreto determinante, que servirá como motor impulsor para comenzar a atravesar los senderos que conducen al cambio:

Siempre que la motivación sea fuerte, cualquier paradigma del pasado podrá ser eliminado.

Imagina que te ofrecen un maletín lleno de billetes con la finalidad de que te introduzcas por algunos minutos en la jaula de un hambriento león del zoológico. El dinero no será suficiente para que superes el miedo y para que le hagas cara a una situación que evalúas como peligrosa, incluso antes de experimentarla. Ahora, todo podría cambiar si alteramos la motivación. ¿Qué pasaría si en lugar de dinero tuvieras que enfrentar al león porque algún ser querido está en la jaula y necesita ser rescatado? Es probable que te lances de cabeza y sin pensarlo dos veces.

El problema no es el miedo o el riesgo que puede existir en una situación determinada, el problema es que la motivación no era suficiente para resolver este problema.

Muchas veces somos como globos que intentan elevarse en el aire y alcanzar el vuelo, pero solemos tener piedras atadas que nos devuelven al suelo. Los padres y las parejas tienden a cumplir con esta función.

Ante esta revelación se puede presentar un nuevo paradigma: "es que no me quiere ver triunfar porque no me quiere suficiente". La verdad es que este planteamiento también está alejado de la realidad.

Regularmente las personas que te aconsejan "evitar el riesgo" o "tomar el camino seguro" no lo hacen necesariamente queriendo causar un daño, de hecho, lo hacen con lo que ellos consideran, buenas intenciones. Sin embargo, detrás de sus palabras también hay algo de ego. El ego es un ente que se alimenta del miedo, así que el empujarte a salir de tu zona de confort, significa una "traición" a la misma zona de confort en la que ellos se encuentran.

Los padres casi siempre son sobreprotectores con sus hijos. "No hagas esto o aquello porque te vas a caer". Y sin darnos cuenta, la mayoría de estos consejos de seguridad, nos alejan de nuestros sueños en el transcurso de nuestra vida. Las ideas de protección de nuestros padres y de la familia se instalan en el subconsciente y se quedan grabados de forma definitiva en el disco duro. Si no los desactivamos, no estaremos dispuestos a arriesgar, y en esta vida como bien dicen, el que no arriesga... no gana.

Algunos pasos prácticos para lograr la liberación de la mente:

Olvídate de la culpa.

La culpa ocupa demasiado espacio en tu equipaje, además es demasiado pesada. Ella evita que podamos finalmente accionar y nos conduce a un círculo vicioso en donde nos castigamos a nosotros mismos y nos flagelamos. La famosa frase: "qué hubiera pasado si..." seguramente ha rondado tu mente en más de una ocasión. Esa es la culpa cuando le abres la puerta y la dejas pasar.

La culpa nos somete, nos mantiene cautivos en el miedo y la dominación. Sustituir la "culpa" por "responsabilidad" hará que comiences a notar la diferencia. Hazte responsable de tus acciones y de tus nuevos pensamientos. Asúmelos y aduéñate de ellos.

Deja de ser tu propio juez.

La crítica que te haces a ti mismo es demasiado pesada. Conocer tus habilidades y fortalezas, quizás hasta escribirlas en un papel, puede ser una manera de comenzar a valorarte un poco más y entender lo distinguido que puedes ser en determinadas áreas de tu vida. Nota aquello que debes mejorar, pero no seas demasiado duro contigo mismo, nadie logra surgir teniendo tanta crítica encima. Busca en cambio atraer pensamientos positivos que mejoren la energía que rodea tus acciones.

Acepta tus fallas, pero no te desacredites, observa en cambio oportunidades de mejora.

Elimina los pensamientos del pasado que te aterran.

Esos que parecen ser demasiado reiterativos y circulares. Has perdido demasiado tiempo y energía dándole vueltas a la cabeza pensando si las cosas habrían sido diferentes si hubieras aceptado aquel trato que nunca cerraste. Deja ir las cosas del pasado y espera el futuro sin demasiada ansiedad.

Deja de buscar la aprobación de los demás.

Muchas veces actúas de acuerdo a estas creencias porque tienes demasiado miedo a que los otros monos de la celda te den una buena golpiza. En este caso hablamos de una paliza moral.

Tememos ser señalados y apuntados y la verdad es que terminamos viviendo la vida que otros quieren y no la que nosotros mismos anhelamos. Esto no tiene ningún sentido, pero es más común de lo que queremos aceptar. Es hora de detenernos, ya ha pasado demasiado tiempo y hemos hecho demasiado caso a aquello que otros piensan. Siempre que actuemos en función del bien y no le hagamos daño a nadie, no debería importarnos demasiado la opinión de terceros.

Es completamente probable que apenas comiencen a ver resultados favorables, a través de tus nuevas acciones, se unan y dejen de remar en tu contra.

El ser humano necesita sentirse amado y sobretodo aceptado, pero debemos entender que no todos pueden amarnos y respaldar cada una de nuestras acciones. Quédate con aquellos que siempre están para ti desinteresadamente.

Renuncia a tus creencias irracionales.

Estas creencias por lo general y como te lo he platicado, han sido autoimpuestas por nosotros mismos o por nuestra cultura. Son parte del pensamiento colectivo y por ello están aparentemente aceptadas. Sin embargo, esto no quiere decir que sean ciertas. Un ejemplo clásico es "el dinero te convierte en una mala persona. Todos los ricos que conozco son de lo peor".

Identifica esas ideas que limitan tus posibilidades de crecimiento y superación. No todo aquel que busque asociarse contigo querrá estafarte y no todos los ricos son malos.

Todos estos consejos pueden parecer demasiado obvios o sencillos, pero la verdad es que ese es un juicio de valor que no te permite ir más allá. Trabajar en estos procesos internos es indispensable si quieres notar resultados concretos. Debes preparar el terreno (tu interioridad) para que puedas sembrar y recolectar frutos.

Debes poner todo tu esfuerzo para que las palabras de Mohamed Alí dejen de parecerte arrogantes y egocéntricas y puedan semejarse más al razonamiento de un líder, de un ganador, de una versión mejorada del ser.

Este proceso quizás sea incluso más profundo que un ligero cambio de mentalidad. Honestamente, debes ir más allá de lo obvio para comenzar a cambiar la imagen que tienes de ti mismo. El primer aspecto que debes tener bajo control y lograr dominar es el de tu imagen.

Puede que estés decidido a conseguir el éxito en tu vida, incluso puede que hayas renunciado a tu trabajo tal y como yo lo hice y que te encuentres dedicando todo tu tiempo, dinero y esfuerzos a un nuevo proyecto que te quita el sueño.

Todo esto está muy bien, pero si sigues dudando de tus capacidades y todavía se te escapan comentarios como "es que no soy tan bueno para las ventas", entonces pierdes tu tiempo.
Si todavía no te crees absolutamente capaz, con toda la honestidad que puedas regalarte, entonces nadie va a poder creerlo por ti.

Donald Trump no es un personaje que destaque precisamente por la aceptación que tiene entre las audiencias. Sus comunicaciones son duras, su lenguaje es rígido, sus propuestas son absurdas, su simpatía es casi nula, pero incluso así, se supo ganador y su retrato quedará impreso en los libros de historia. Contra todo pronóstico salió en numerosas oportunidades de la bancarrota y llegó a conquistar la meta más grande, ser presidente de los Estados Unidos.

¿Cómo es posible que este hombre tan criticado sea tan exitoso? Sencillamente porque nunca cambió en función de la crítica. Siempre se creyó el mejor, se supo un ganador. La imagen que tiene de él mismo es tan poderosa que no la cambia por nada ni por nadie. Se paró sobre podios y envió un mensaje claro: "este soy yo". Su mente es poderosa, su imagen es fuerte, sus ideas descabelladas y a pesar de que tiene muchos factores en su contra, podemos catalogarlo como un hombre exitoso. Si dejamos de lado las pasiones políticas, claro está.

La intención no es sumergirnos en una discusión política que nos robe demasiadas horas, la intención es que puedas apreciar por medio de ejemplos claros, que una mente enfocada y positiva, una imagen construida a partir de los atributos y la energía correcta te llevarán a donde te gustaria estar.

La energía atrae más energía, estamos rodeados de ella. De esto estoy absolutamente seguro.

Después de disfrutar de los primeros tres años de nuestro matrimonio viajando y apreciando la compañía que nos hacíamos mutuamente, mi esposa y yo tomamos la decisión de hacer crecer a nuestra familia. Queríamos hijos, estábamos listos para llevar la relación al siguiente nivel. Pasaron semanas, meses y los meses se hicieron años. Cuando nos dimos cuenta habíamos pasado dos años de nuestras vidas intentándolo. Los tratamientos, las hormonas y las citas médicas nos acompañaron en el camino.

Lo suspendimos todo, decidimos relajarnos y dejarlo en manos del destino. Pusimos nuestra mejor energía para atraer lo que verdaderamente deseábamos.

Recuerdo que para ese entonces había asistido a un curso que yo mismo me encontraba organizando. No había tenido mucho éxito apuntando a asistentes pues se desenvolvería durante la tarde del viernes y el sábado y en los ambientes laborales, como en el que estaba, pocos quieren sacrificar sus fines de semana. El último ejercicio que realizamos en grupo consistía en acercarnos al manejo de la energía, para ello debíamos cerrar los ojos y enfocar la mente en una esfera blanca cuya luz comenzaba a recorrer todos nuestros cuerpos. Entonces cerré los ojos y me dejé llevar. Fue el manejo de energía, bien conducido, lo que me llevó a una visualización que logró impactarme y que cambiaría mi vida.

La oscuridad se llenó de colores y pude ver una niña pequeña, sonriente. Jugaba y corría en un lugar que me parecía familiar. Al notar con detenimiento la escena pude identificar que se trataba de la casa de mis padres. Estaba viendo a mi hija.

Después de salir del curso, cansado y tarde, sentí una enorme necesidad de conducir para poder ver a mi esposa, quería abrazarla y contarle mis experiencias. Para ese momento vivía lejos del trabajo y tenía que conducir por dos horas para poder llegar a casa. Ese día llovía a cántaros, incluso tuve que detenerme en la carretera, porque el agua era tan torrencial que no me dejaba ver el camino. Mi impulso energético era tan poderoso que no me detuve. Conduje hasta llegar a ella, algo en mi interior, más fuerte que el cansancio, me llevaba a hacerlo.

Un mes después mi esposa me confirmaría que estaba embarazada, esperábamos una niña.

Esta es una invitación a que abras tu mente, a que realmente te enfoques en las metas honestas que deseas alcanzar y conquistar.

Aunque suene a cliché, si te enfocas en algo que deseas con todas tus fuerzas y trabajar por ello. Lo conseguirás.

1.2 Aléjate del miedo

Puedo recordar muchas emociones de cuando renuncié a mi trabajo. Emoción, alegría, incertidumbre y por su puesto... Miedo.

La frente me sudaba en frio, tenía un nudo en la garganta y sentía que mis piernas me iban a fallar en cualquier momento. ¿Qué hice? Y Ahora... ¿qué carajos voy a hacer con mi vida?

Estaba literalmente, invadido por el miedo. Pero hoy aquí estoy, el miedo no me mató, y mi vida es ahora inmensamente mejor que minutos antes de esa decisión. Una de las mejores decisiones de mi vida en la que sin duda, el miedo no me importó. O al menos no lo suficiente como para detenerme.

El miedo es la "enfermedad" más popular del mundo. Es una epidemia arraigada en la gran mayoría de los habitantes del planeta. Es una enfermedad muy peligrosa que mata sueños y vidas enteras.

Es una terrible sensación que habita en lo más profundo de nuestro ser. No sabemos cómo estos temores llegaron y se acomodaron en un lugar tan intrínseco e interno, pero de alguna forma lograron sus objetivos y nos han acompañado a vivir desde que podemos recordar.

El miedo es capaz de mantenernos a salvo, alertas en situaciones de peligro, pero también, tristemente, nos aleja de concretar metas, sueños y de vivir la vida plenamente.

Muchos afirman que el miedo es la emoción humana más importante, parece una afirmación cierta cuando entendemos que él tiene control directo sobre las decisiones que tomamos.

Si te pidiera que imaginaras un terrorífico momento en el que la vida te pone frente a tus temores, cara a cara, bien sea que imagines una escena en un avión turbulento, en una playa donde la marea se vuelve demasiado revoltosa, durante un enfrentamiento con un perro agresivo, o un encuentro a solas con la oscuridad, seguramente tu cuerpo comenzará a mostrar reacciones físicas evidentes. Notarás que tan solo con imaginarlo, tus manos pueden comenzar a sudar, tu estómago se sentirá repentinamente vacío y tus palpitaciones se incrementarán. Quizás tu mente no reaccione del mismo modo si te pidiera que imaginaras una escena feliz. El miedo es mucho más potente, más poderoso, pues puede llegar a dominarnos por completo.

Creemos que la mente consciente es quien manda, pero la ciencia ha revelado que los temores superan a la razón.

Científicamente hablando, el miedo es una respuesta automática e involuntaria del cuerpo ante una situación de peligro. Incluso aquellos indomables aventureros que parecieran no tenerle miedo a nada reaccionarán abruptamente al notar que un auto sin control se avecina sobre ellos. La valentía no tiene participación en esta situación en la que la mente y el cuerpo reaccionan ante un estímulo, con la única intención de mantenerse con vida.

La amenaza se registra en la amígdala, una parte pequeña pero determinante de nuestros cerebros. Ella nunca descansa, siempre está en estado de alerta intentando detectar potenciales peligros. Cuando la alarma se dispara le llegará el turno al sistema nervioso autónomo, encargado de regular funciones básicas como la respiración. En tan sólo segundos el cuerpo se preparará físicamente para reaccionar. La adrenalina y el cortisol comenzarán a correr por la sangre como si se tratase de un maratón.

Todo parecerá volverse más lento y sentirás que el miedo te paraliza, pero la verdad es que tu mente y tu cuerpo están funcionando a toda su capacidad y se detienen unos segundos para recolectar toda la información posible. Ahora ha llegado el turno del hipocampo, es su momento para brillar.

Si la amígdala se encarga de la parte emocional, el hipocampo está a cargo de las decisiones lógicas. Esta estructura cerebral comenzará a cuestionarse para buscar posibles salidas a la situación extrema. Lamentablemente, las respuestas no siempre llegarán con efectividad. Entonces comienza una batalla entre la razón y la emoción.

La amígdala se encuentra ubicada en la parte más primitiva del cerebro y está capacitada para producir dos respuestas básicas: defenderse o huir, ambas reacciones inconscientes ante las amenazas, resultados bastante primitivos y poco analizados.

Tener conocimiento sobre el fascinante funcionamiento del cerebro, específicamente ante situaciones en las que aparece el miedo, nos ayudará a entender algo determinante. Si generalmente nuestro cerebro más primitivo, conocido también como cerebro reptiliano, está capacitado para dar respuestas cuando la razón no reacciona con la velocidad requerida, es porque el miedo nos ha acompaño desde tiempos tan remotos, que hacer la cuenta regresiva sería una tarea matemática algo compleja.

Pareciéramos estar genéticamente programados para temer, incluso, hemos heredado miedos de nuestros antepasados, aquellos que hace siglos modificaron sus estructuras cerebrales más básicas para reaccionar ante las amenazas corriendo o paralizándose. El miedo es una de las emociones de adaptación más importantes, pues nos advierte sobre los peligros que nos rodean. Casi todas las especies vivientes desarrollan la habilidad de aprender a evitar lo que amenaza sus vidas, entonces sí, es correcto aquello de que estamos genéticamente programados para temer.

Ahora, debemos saber diferenciar entre el miedo que nos mantiene vivos, ese instinto que nos aleja prudentemente de un acantilado o de un tanque repleto de tiburones hambrientos, de aquellos miedos infundados por malas experiencias que únicamente alimentan al ego y nos alejan de alcanzar nuestros verdaderos propósitos.

Emprendiendo sin miedo

Generalmente cuando estamos construyendo un nuevo proyecto de negocios los miedos comenzarán a desfilar por nuestra mente, uno a uno aparecerán para alejarnos de nuevos horizontes y mantenernos en nuestra cómoda zona de confort en donde estaremos resguardados y "a salvo".

Los miedos llegarán como invitados a una fiesta a la que no fueron invitados. Entonces los verás llegar con sus mejores trajes de gala, identificarás al:

- Miedo a que no funcione
- Miedo a quedarte sin dinero
- Miedo a lanzarte al vacío
- Miedo a no vender
- Miedo de salir a vender
- Miedo al rechazo
- Miedo al qué dirán
- Miedo a la competencia

La lista continúa y podrás agregarle aquellos temores que responden a rasgos específicos de tu personalidad, sumados a los que cumplen con patrones más estandarizados, esos que entran dentro del protocolo de "arriesgarse".

Además de sentir el temor llegar a tu estómago, evitarás exteriorizar este sentimiento, porque además al miedo lo acompaña un prejuicio terrible: "es de cobardes".

Está mal visto exponer los miedos públicamente y quedar como un completo perdedor, débil y frágil. Es mejor pretender ser como aquel Mel Gibson joven y melenudo que cabalgaba su caballo para enfrentarse con armas improvisadas a los distinguidos guerreros del ejército inglés, en el clásico del cine *Corazón Valiente*, aún cuando por dentro te sientas más como Shaggy y Scooby. Esta es una orden dictada directamente por tu ego, que no quiere ser catalogado con la etiqueta de "perdedor".

Lo cierto es que no existe nada más normal que sentir miedo. Como pudimos ver, es simplemente una reacción de nuestro cerebro, la reacción ante una acción o estímulo. El miedo ha preservado la especie. Ahora, tampoco debemos utilizar esta premisa para escudarnos por siempre detrás de los temores y nunca probar el dulce sabor del éxito, ese que viene después de bajar el pesado escudo que hemos cargado por tanto tiempo.

Todo empresario, incluso los más exitosos cuyas caras estampan las páginas de *Forbes* y otras tantas revistas sobre los negocios y el dinero, han sentido temores en algún momento de sus vidas laborales. Nos sucede a todos, pues todos somos de la misma especie, hemos sido creados bajo el mismo molde. Somos humanos con emociones y expectativas, por lo que es natural que tengamos algunos cuantos sustos en el camino hacia las nuevas metas.

Un gran porcentaje de estos miedos ha sido agrandado y exacerbado por la mente, pero, así como ella tiene el poder de hacer de pequeños temores enormes monstruos que se esconden bajo la cama, también tiene el poder de minimizarlos y vencerlos.

Existen unas preguntas poderosas que siempre ayudan en este camino de transformación, en el que los miedos deben verse cada vez más pequeños y menos amenazantes. Con las respuestas honestas aprenderemos a aceptarlos y hasta convivir con ellos diariamente, sin que tengan la capacidad de paralizarnos, sino al contrario impulsarnos y motivarnos.

Recuerda, los miedos nunca se irán del todo, como sabes ellos te mantienen con vida y están alerta ante cualquier amenaza externa, la idea es reducirlos hasta que podamos convivir con ellos y podamos manejarlos a nuestra conveniencia.

Cuestionando a tus temores

1. ¿Qué es aquello que no estás haciendo por miedo?

En este momento enfoca tu mente para intentar identificar alguna acción que no estés concretando por miedo a las posibles consecuencias.

Recuerda que no hay respuestas correctas o incorrectas, solo respuestas honestas que te ayudarán a determinar el rumbo de tus acciones. Puede que no estés poniendo en marcha alguna idea de negocio por temor a que no sea la más adecuada o por miedo a que cuando tu producto se encuentre disponible en el mercado, nadie quiera comprarlo y sientas personalmente el rechazo, mejor dicho, que tu ego se sienta rechazado.

Piensa en aquello con lo que sueñas despierto y que has puesto en pausa porque tu mente ha buscado demasiados peros a la hora de implementarlo.

1. *¿Qué es lo peor que podría pasar si lo hicieras?*

Supongamos que tu idea de negocio es maravillosa y pasas los días y las noches fantaseando con ver tu producto hecho una realidad, con pasear por los anaqueles de algún establecimiento y poder admirarlo ahí, colorido, poderoso, llamativo.

Ahora imagina que, con mucho esfuerzo pudiste hacer de tu sueño una realidad. Tu producto, tal y como lo has soñado, está listo y en los anaqueles. Ahora ¿qué es lo peor que podría pasar?

Quizás la respuesta más común sea "que no se venda", que las personas pasen por al lado de tu producto y lo ignoren. O peor aún, que lo compren pero que la calidad deje mucho que desear y comience una ola de malos comentarios al respecto.

Ponerte en esta situación vulnerable incluso antes de materializar tus metas ayudará a que estés preparado para todos los escenarios posibles una vez que concretes los pasos determinantes.

2.   *¿Qué tan probable es que el peor escenario suceda?*

Piensa muy bien antes de responder. ¿Existen demasiadas probabilidades de que ocurra lo peor?

En caso de que tu producto sea de calidad dudosa y la gente comience a hablar terriblemente mal de él, entonces quizás es porque sabes que todavía existen algunas mejoras por tomar en consideración antes de lanzarte al agua por el simple hecho de hacerlo. De lo contrario, si estás seguro de la calidad de lo que vendes, no deberías estar tan asustando con este escenario hipotético.

Quizás sea muy poco probable que este escenario catastrófico, en el que todo se enfoca en la negatividad, ocurra. Puede que todo sea un producto de tu mente y tu ego, que tan sólo quieren alejarte de tus metas y convencerte de que todo será un fracaso cuando verdaderamente tienes a la gallina de los huevos de oro en tus manos.

Si logras entender este principio, entonces podrás darte cuenta que lo único que se atraviesa en el camino entre tú y tus nuevas metas no es más que tu mente saboteadora.

Ahora bien, si la respuesta es: "a mi producto le hace falta algo más", entonces lo que debes hacer es ponerte a trabajar arduamente para lograr los resultados que esperas y no echarle la culpa a la mala suerte.

3. *¿Qué tan posibles son otros escenarios?*

Ahora enfoca tu mente y recrea otros escenarios. ¿Son verdaderamente posibles?

Si por ejemplo le pones un precio demasiado alto a tu producto y tienes miedo de que la gente no te compre porque le parezca que lo que vendes es alarmantemente caro, piensa que siempre existirá un público capaz de apostar por producto de más calidad. Ellos quieren pagar por vivir mejor y más cómodos.

4. *Si ocurriera el peor escenario posible... ¿qué podrías hacer al respecto para minimizar las consecuencias y salir de esta situación tan negativa?*

Supongamos que finalmente lanzas un producto de calidad en el que has trabajado por mucho tiempo, pero a pesar de tus esfuerzos no consigues encontrar compradores que apalanquen tu negocio para que este pueda despegar. Este sería el peor de los escenarios posiblemente planteados para este caso.

70

Esa pesadilla que no te dejaba dormir por las noches ha tomado forma y vida y ahora se materializa, se ha hecho real. Ya no estás dentro de un mal sueño del cual podrás despertar a las horas y olvidar el mal rato. Se trata de tu vida y no puedes salir corriendo.

¿Cómo podrías minimizar los impactos negativos que envuelve a esta situación?

Imagina que nadie compró tu producto por una razón, era demasiado caro. Incluso esa audiencia objetiva a la que apuntaste, que se mostraba tan dispuesta a pagar un alto precio por mejor calidad, te falló. Siempre habrá acciones para tomar en cuenta y cambiar el rumbo de la historia.

Ahora puedes trabajar en un reajuste de costos o evaluar la posibilidad de hacer una oferta atractiva y beneficiosa que dispare tus primeras ventas, de a conocer tu producto y se popularice en el mercado. Una vez que ya hayas logrado una posición de confianza entre tus consumidores podrás reajustar tus precios nuevamente para volver a tu esquema de negocios original.

¿Te das cuenta? Tus problemas no son tan grandes como tus miedos te hacían ver. Ellos habían nublado tu visión con demasiada información negativa y no pudiste pensar con claridad, simplemente te negaste a la idea de un cambio de entrada.

Incluso las consecuencias, en el peor escenario posible, no son tan graves como las imaginaste. Siempre habrá una solución, una forma de darle la vuelta a los problemas para salir a flote. Pero para ello debemos hacer los miedos a un lado y no darles tanto terreno dentro de nuestro campo de batalla interno.

Estas preguntas te ayudarán, sin importar cuál sea tu caso o situación, a entender que debes dejar de boicotearte tanto a ti mismo. Debes buscar redimensionar y replantear las consecuencias de aquellas cosas que estás dejando de hacer.

Aprecia con claridad que tus miedos no tienen fundamentos, no se sostienen sobre bases sólidas ni firmes. Todo aquello que has dejado de hacer por miedo, verdaderamente puede traerte numerosos beneficios, o al menos tendrás resultados más favorables cuando te mueves por una pasión que cuando te quedas paralizado y estancado.

Aprende a buscar los caminos para que tu cerebro, aún en su forma más primitiva, siempre elija el camino del combate y no el de la huida.

1.3 Piensa positivo

El pensamiento positivo es una de las herramientas más poderosas que existen, aunque su poder muchas veces es sobrevalorado. Él puede cambiar tu vida y transformarla de predecible y tediosa a una vida tal y como la soñaste, en absoluto control y en donde tengas la capacidad absoluta de elegir. Si piensas positivo, podrás comenzar a tener cualquier cosa que desees.

Nuevamente y así como ocurre con los miedos, tu mente y tu ego te han alejado del positivismo, de la idea de que tus sueños son alcanzables y realizables. Esto porque, como ya sabemos, permanecer ocultos en la zona de confort los hace sentir protegidos, creando la misma ilusión sobre nosotros.

Lo primero que tienes que hacer es comenzar a hacer que tu subconsciente sea completamente rico y abandone el estado de pobreza con el que ha vivido todos estos años. Por su puesto que no hablamos de abundancia monetaria, sino de abundancia mental que atrae todo tipo de abundancia material como consecuencia.

Si no tienes una mente abundante, no podrás atraer absolutamente nada a tu vida.

Con el tiempo, tu mente y tus vivencias han creado una imagen secreta, que no es más que la forma como te aprecias personalmente. Comenzar a convencer a esta imagen personal sobre un cambio, es un primer paso para poder conseguir las transformaciones que verdaderamente se noten y se materialicen. De nada te sirve decir que estás pensando positivo, hasta que verdaderamente no te sumerjas en tu interior y convenzas a ese ser que vive dentro de ti, para que salga del negativismo.

Intentarás hacer dieta mil veces y dirás "ahora sí voy a lograrlo, quiero cambios positivos para mi cuerpo", pero no ocurrirá hasta que genuinamente te tomes un tiempo de introspección y consigas llegar a esa imagen secreta que guardas con sigilo en tu ser, para hacer el cambio desde la raíz.

Una vez que hayas taladrado para llegar al fondo, a la esencia, no tendrás más que vivir bajo las premisas de la ley de la atracción, que es una creencia que explica que los pensamientos, bien sean conscientes o inconscientes, tienen un alto grado de influencia sobre las vidas de los seres humanos. Esto se debe a que los pensamientos son unidades energéticas que, por ende, atraerán otras ondas energéticas similares a aquellas que fueron generadas en un primer momento.

Hay quienes dicen que estas aseveraciones no tienen ningún respaldo científico, pero la física cuántica se ha dedicado a demostrar todo lo contrario. Tal es el caso del reconocido Experimento de Young, conocido popularmente como el experimento de la doble rendija.

Este es un experimento que se ha repetido en diferentes épocas, por diferentes físicos, y los resultados, a pesar de las variaciones, siguen siendo los mismos. Muchos de los que lo pusieron a prueba llegaron a pensar que este ensayo se burlaba de ellos por la peculiaridad que demostraban sus resultados.

Más allá de entrar en detalles complejos que sólo aquellos con conocimientos de física y mecánica podrían comprender. Este ensayo demuestra, mediante evidencias, que los átomos utilizados se mueven libremente cuando nadie los mira, cuando no hay un aparato que detecte o verifique su presencia. Todo aquello que hasta ahora hemos considerado material, sólido, tangible y existente, no lo es del todo. La verdad es que más bien todo es energía.

Es decir, incluso dentro de la unidad material más diminuta existente, el átomo, hay vórtices de energía que están en constante movimiento.

Nuestras vidas se llevan a cabo dentro de un enorme campo magnético en el que la energía abunda y así como el átomo es energía, también lo son nuestros pensamientos.

La energía está ahí, existe dentro y fuera de nosotros. Al pensar de una manera determinada atraemos lo que corresponde a esos pensamientos, como imanes. Es por ello que cuando nuestra energía interna está mal, toda nuestra energía externa lo refleja.

1.4 Crea nuevos hábitos

Existe un caso médico muy famoso que explica el comportamiento del denominado "Hombre Bucle".

Eugene Pauly se encontraba disfrutando de sus actividades rutinarias durante una noche cualquiera. Su esposa hacía lo propio en la cocina y preparaba la cena. "¿Cuándo comeremos?", increpó Eugene hambriento. A lo que su esposa respondió con gentileza "debemos esperar a Michael".

"¿Quién?", respondió Eugene desde el otro extremo de la cocina. Quizás algo asombrado por la visita que hasta ahora parecía inesperada.

Su esposa relacionó la pregunta al sentido del humor de su marido, seguramente bromeaba. No podía haber olvidado la presencia de su propio hijo. El cuerpo del hombre comenzó a reaccionar de forma insospechada y su mujer supo inmediatamente que no se trataba de un mal chiste, sino de un episodio desafortunado.

Los vómitos, retorcijones estomacales y la fiebre aparecieron en la escena para arruinar por completo la velada, que hasta ahora, marchaba de acuerdo a las reglas de la cotidianidad.

La esposa de Eugene entendió que era hora de dejar los preparativos para la cena y tomar las llaves del auto. El hospital más cercano era el destino de la pareja. El caso del paciente no parecía tan normal, el diagnóstico tardó más de lo acostumbrado en aparecer.

Finalmente, la conclusión de todos los médicos fue unánime. Se trataba de una encefalitis viral, una enfermedad poco temida, que no deja grandes consecuencias en el organismo. Sin embargo, nuestro protagonista de este episodio no corrió con la misma suerte. La encefalitis de Eugene había recorrido grandes distancias y se había filtrado al cerebro, destruyendo todo lo que encontró en a su paso.

Los médicos descubrieron que su sistema nervioso había quedado en perfectas condiciones. Completamente apto. Sin embargo, su cerebro no podría contar la misma historia de éxito aquella noche.

El virus arrasó el hipocampo y gran parte del lóbulo temporal medio. Ahora Eugene no recordaba ninguno de los sucesos ocurridos en sus últimos treinta años de vida y había quedado atado a una única rutina, la de levantarse cada mañana e ir a la cocina para prepararse el desayuno.

Eugene quedó atrapado en lo que se conoce como *loop* o bucle, y en estos hechos encontró origen su nuevo y peculiar sobrenombre, "El Hombre Bucle".

Pronto los médicos notaron un patrón en su conducta. El bucle humano no era capaz de tener algún ápice de memoria a largo plazo, pero era completamente capaz de salir a dar una vuelta y regresar a casa sin ningún inconveniente.

Estaba adoptando nuevas rutinas. Estudios aún más profundos detectaron que sus ganglios basales se encontraban intactos, no habían sido afectados por el ataque destructivo.

Estos ganglios le daban la bienvenida a la posibilidad de que Eugene pudiera crear nuevos hábitos. Y esta es la verdadera esencia de esta historia que hoy te comparto.

Eugene había sufrido las consecuencias de un terrible golpe del destino, pero los resultados fueron reveladores para la ciencia y sus estudios.

Las ganglios basales eran conocidos por ser las estructuras (más específicamente núcleos) que se encuentran en la base del cerebro anterior y que son responsables de procesos automáticos como la respiración o la deglución. Pero ahora estarían asociados al desempeño de un papel determinante en la creación de hábitos y rutinas.

El carácter automático de los hábitos, una vez que han sido implementados o de esos malos hábitos que has ejecutado sin determinar la razón, impulsados por una fuerza que no "controlas", está relacionado a esta función automatizada de los ganglios. Una vez que aprendiste a realizar una acción tan simple como tragar, tragarás siempre sin tener que esforzarte.

Esta región del cerebro es modificada cada vez que aprendemos un nuevo hábito y vuelve a modificarse cuando este hábito es olvidado o abandonado. Hecho que ocurre con una frecuencia que desearíamos reducir.

Adquirir una nueva rutina supone un esfuerzo considerable, hasta lograr ese instante en el que el cerebro la instala y la deja fija dentro de su "programación". Es por ello que nos cuesta tanto comenzar a hacer ejercicio.

Cuando el cerebro se esfuerza, crea una especie de molde para almacenar este nuevo hábito, y aunque dejemos de hacer ejercicio en determinado momento, el molde habrá quedado almacenado y se reactivará hasta con el más mínimo estímulo. Comenzar a hacer ejercicio después de tres meses será menos forzoso que comenzar después de siete años de sedentarismo.

Los hábitos que se encuentran más arraigados en nosotros jamás serán eliminados del todo. Es como si un alcohólico decidiera ordenar un *vodka tonic* en alguna barra, después de pasar años de sobriedad.

Seguramente el sabor del licor en su paladar hará que vuelva a perderse en su antiguo y poco favorable hábito de inmediato. El cerebro no ha olvidado esta conducta, pues tiene un molde almacenado para ella.

¡Gracias Eugene!

Los hábitos, son el secreto mejor guardado de las personas más exitosas del mundo. La clave del éxito no está en golpes de suerte o en grandes acciones que cambian la vida de las personas. Sino en su comportamiento diario. En sus hábitos, en sus rutinas, en sus rituales que hace consistentemente todos los días por un periodo largo de tiempo.

Así que, si tu quieres empezar a vivir de manera diferente, además de cambiar tu mentalidad lo siguiente que tienes que hacer, es implementar nuevos hábitos y erradicar los viejos. Hábitos que te harán una mejor versión de ti mismo.

Algunos buenos hábitos para implementar

Ahora, más allá de la explicación científica sobre la implementación de hábitos y su funcionamiento en el mejoramiento de determinadas conductas y patrones, quisiera compartir contigo alguno de los hábitos que he agregado a mi rutina para obtener mejores resultados, ser más positivo, agradecido, tener la mente fresca, descansada, poder ver objetivos más claros y trazar el camino para alcanzarlos.

1. Levantarse temprano:

Esta recomendación quizás te transporte a la infancia cuando tus padres te recomendaban, probablemente de una manera un tanto forzosa, levantarte bien tempranito. Incluso cuando estabas de vacaciones.

También es probable que esta asociación mental haya hecho que no tengas tanto entusiasmo y afecto por las horas tempranas de la mañana, pero desde que comencé a ajustar mi reloj despertador, encontré mucha más productividad en mis jornadas.

Si eres el dueño de tu propio negocio o si planeas serlo, quizás tengas la sensación de que el día no tiene suficientes horas para ti y tus tareas cotidianas, por ello aprovechar las mañanas es un elemento clave para potenciar tu productividad.

No es una ciencia estudiada y cierta, pero algo sucede con el cuerpo cuando se comienza el día temprano. Notarás que la mente está más fresca y en mejores condiciones.

Para poder lograrlo, debes aprender a evitar el botón del "*snooze*", que, aunque se vea provocativo y prometa darte unos minutos más para dedicarle a la pereza, sólo conseguirá estropear por completo tus ciclos de sueño y brindarte una sensación de desorientación muy desagradable.

Si comienzas a leer biografías de empresarios famosos, quienes surgieron gracias a su dedicación y sus grandes ideas, que tomaron forma en la vida real, notarás que siempre mencionan los "madrugonazos" como parte de sus rutinas exitosas.

2. Ejercitarse por las mañanas:

Lo has logrado, modificaste la hora de tu reloj despertador y ahora eres una persona que comienza su jornada mucho más temprano.

Lo ideal sería entonces aprovechar unos cuantos minutos de este nuevo espacio de tiempo que abriste en tu agenda para actividades productivas y beneficiosas.

¡Detente! A pesar de que ahora tendrás más tiempo para trabajar, debes invertir unos minutos de tu día y dedicártelos a ti mismo.

Estar bien contigo hará que alimentes esa imagen interna y puedas proyectarte positivamente.

Es usual, cuando comenzamos a adoptar rutinas más saludables que incluyen los ejercicios como parte del plan, que elijamos la tarde o la noche para estas nuevas actividades. La verdad es que ejercitarse por las mañanas tiene importantes beneficios que no debes ignorar.

Mucho se ha escrito sobre los resultados positivos al hacer ejercicio en ayunas para eliminar porcentajes más elevados de grasa, además estas prácticas matutinas ayudarán a aliviar las tensiones y el estrés durante el día, agudizarán tu inteligencia, mejorarán tu ritmo cardíaco, te ayudará a dormir mejor y te despejará la jornada para que cumplas sin complicaciones con tus compromisos.

3. Toma un vaso de agua al despertar

Es posible que el vaso de agua no te resulte demasiado apetitoso para comenzar tus mañanas, sin embargo, los numerosos beneficios de esta práctica harán que integres la bebida a tu rutina sin ningún problema.

Es lógico, debemos beber agua durante todo el día (en las cantidades indicadas) pero los especialistas han hablado sobre las maravillas de un buen vaso de agua en ayunas.

El agua a temperatura ambiente despierta los órganos del cuerpo delicadamente, elimina las toxinas del organismo, acelera el metabolismo, reduce la molesta acidez, impulsa la productividad del cerebro y es un excelente aliado para la digestión de alimentos.

4. Siempre vive agradecido:

Solemos pedir demasiado y está bien, el universo siempre nos escucha cuando hablamos. Lo que es determinante es nunca olvidar que cuando pedimos, también debemos dar gracias.

Sin importar que no hayamos formalmente recibido aquello por lo que hemos implorado, debemos estar agradecidos con el universo por razones que pueden parecer tan simples como estar vivos. Si el aire no recorriera nuestros pulmones no podríamos tener las metas con las que soñamos. Así que cada vez que recuerdes o tengas la oportunidad, muéstrate agradecido.

Suelo terminar mis días tomando un papel y un bolígrafo y anotando tres cosas por las que agradezco en ese momento. Es un ejercicio enriquecedor que seguramente te hará recargar energías y le devolverá a tu ser un poco de positivismo. Ver como las cosas simples hacen una gran diferencia te mostrará un lado maravilloso de la vida que quizás pasaste por alto.

No seas únicamente agradecido con Dios y el universo, agradece a las personas que te rodean cuando lo sientas necesario.

5. Escribe tres objetivos:

Bien sea por la mañana o por las noches, me gusta apuntar tres cosas importantes que debo llevar a cabo durante el día. Establecer un orden entre estas metas u objetivos prioritarios ayudará a que las otras tareas no nublen tu mente y no roben tu atención. Mientras no cumplas estas tareas, no te permitas pasar a una siguiente asignación.

6. Medita

No cometas el error de pensar que para meditar necesitas ser flexible, hacer yoga, rapar tu cabeza y entrar en una meditación profunda de horas en la que no necesites comer o tomar agua. Solemos mitificar esta práctica que puede llegar a ser tan sencilla como lo amerite.

La meditación es poderosa porque ayuda a calmar tu mente. Cuando te concentres en tu respiración e intentes apartar tus pensamientos, para aproximarte a una mente en blanco, notarás que los pensamientos aparecerán solos, sin ser invitados. Entonces la revelación se hará presente y podrás vivir en carne propia una experiencia maravillosa. Sólo así podrás darte cuenta que tus pensamientos no son tuyos, que no los dominas, que vienen y se van sin ser llamados.

No te preocupes demasiado cuando tu mente saboteadora llegue para arruinar tus planes, simplemente debes silenciar estos pensamientos para seguir adelante.

Las meditaciones te acercarán a este silenciamiento. Para hacerlo nada más necesitarás unos minutos breves de tu rutina.

Busca un espacio tranquilo, apetecible. Apaga las luces, siéntate en una posición cómoda, con la espalda erguida y los ojos cerrados. No tienes que se un experto en chacras y mantras para poder comenzar. Basta con concentrarte en tu respiración y apaciguar tu cuerpo y mente por unos quince minutos.

7. Lee, lee y continúa leyendo

Leer es una herramienta estupenda que muchos ignoran o pasan por alto. A través de la lectura encontrarás algo determinante en este camino hacia las nuevas metas y la liberación, leyendo te toparás con la inspiración.

La inspiración será la chispa de arranque que necesitarás cuando te enfrentes a tus miedos y escuches comentarios negativos de tu entorno. Leer historias de éxito relacionadas a tu campo de trabajo, o no, te ayudará a materializar y entender que otros que eran tal cual como tú, han dejado atrás su equipaje pesado y han logrado cumplir con lo que se planteron. Estas personas no nacieron ricas, no nacieron con demasiadas habilidades académicas, y en la mayoría de los casos, todos se burlaron de sus ideas.

No son mitos, son historias reales de personas reales que alguna vez soñaron y comenzaron a trabajar duro. Tal como tú. Identifícate y empodérate y no tienes excusas, si no tienes tiempo para leer, entonces encuentra audiolibros inspiradores de los que puedas aprender mientras conduces.

¿Qué harías si supieras que no vas a fracasar?

CAPÍTULO 2

Cómo encontrar lo que amas

"Algunas personas mueren a los 25 pero las entierran a los 75"
- *Benjamín Franklin*

Aquel día en la Universidad de Standford, Steve Jobs, traía puesta la toga sin el birrete. Lo que resulta algo curioso por tratarse de una persona que jamás terminó la universidad. Sin embargo, Steve hizo algo mucho más grande, luchó por sus sueños.

Esa mañana estaba ahí, ante la comunidad universitaria de una de las universidades de mayor prestigio del mundo, para dar un discurso a los estudiantes e impulsarlos a hacer lo mismo que él.

Su mensaje fue muy poderoso, además de inspirador.

"Tienes que encontrar lo que amas. Y eso es tan cierto para tu trabajo como lo es para tu pareja. Tu trabajo va a ocupar una gran parte de tu vida, y la única forma de esta realmente satisfecho, es hacer lo que uno cree que es un gran trabajo. Y la única forma de hacer un gran trabajo es amar lo que haces "

— Steve Jobs

Bueno, entonces, la pregunta que surge naturalmente es:

¿Cómo encuentras lo que amas hacer?

De hecho, esta es una gran pregunta, un cuestionamiento determinante. Lo que resulta absolutamente frustrante es que lo único que escuchemos decir a todos sea algo como: "haz lo que amas".

Escuchamos aquello de que debemos estar haciendo lo que amamos todo el tiempo, pero no existe un consejo sabio sobre los pasos que debemos implementar para saber cómo encontrar eso que tanto amamos hacer.

Los consejos que encontramos al alcance ayudarán, pero solo hasta cierto punto. Todos son piezas sueltas de un rompecabezas que han sido lanzadas sin ninguna lógica, estructura u orden coherente.

Por ejemplo, uno de estos consejos para encontrar aquello que amas es hacerte la siguiente pregunta:

"¿Qué es lo que harías si tuvieras un millón de dólares?"

La respuesta típica que la mayoría da es algo así como:

"Caramba... yo lo pondría en una cuenta bancaria que me genere muchos intereses y me dedicaría a vivir de esos intereses... Después de hacerlo compraría un boleto de ida a una isla paradisíaca y pasaría mis días tomando piñas coladas al atardecer. Pasearía a mi mascota por la suave arena, jugaría partidos de tenis de playa, conocería chicas guapas o disfrutaría del tiempo de calidad con mi familia. Aprendería a jugar golf o algún otro deporte entretenido, iría a todos los restaurantes caros y exquisitos y degustaría lo mejor de cada menú. Contrataría a una masajista y me dedicaría únicamente a aquello que me haga feliz".

Esta respuesta es tan clásica y predecible que se torna demasiado aburrida. Además, nos acerca a otro paradigma instalado en las mentes de las personas: los restaurantes caros, el golf, el dinero y las islas los acercan a la felicidad.

Esa pregunta que nos planteamos no ayuda para nada. Con ella no podremos aclarar la visión para encontrar lo que verdaderamente nos apasiona hacer.

Claro, con ella descubriste que te gustaría vivir una vida basada en la flojera y el confort, pero no termina de concretar o responder al cuestionamiento que se esconde dentro de la pregunta que nos hicimos en un primer momento, que vendría siendo "¿cómo gano dinero haciendo lo que más amo hacer?"

Este es precisamente el objetivo de este libro, encontrar la respuesta para esta segunda pregunta, para dejar de seguir adornando con clichés la respuesta de la primera.

¿Por qué es tan difícil encontrar aquello que amamos?

Regularmente, las personas que trabajan en empleos que aborrecen tienen la sensación de estar atrapados. Esto se debe a que no pueden renunciar porque consideran esta actividad su única fuente de ingresos, y es altamente probable que así sea.

Utilizan además estos ingresos para financiar un estilo de vida, que experimentan por las tardes o los fines de semana, que se basa en la escapatoria absoluta de esa realidad que experimentan en horario laboral. Viven la vida flotando, sin rumbo. Ninguna de sus acciones responde a una razón de peso. Son parte de la manada y no más que eso.

Como bien dijo Thoreau: "La mayoría de las personas llevan vidas de silenciosa desesperación". Yo personalmente estaba desesperado y vivía para seguir la manada, hasta que finalmente, como te conté, tuve un momento de iluminación que me condujo a ponerle un motivo a mis acciones.

¿Por qué no todos renuncian a sus trabajos para perseguir sus sueños? ¿Por qué no todos hacen lo que les gusta hacer?

Existen dos respuestas o razones para estos planteamientos.

Razón # 1 – El miedo

Las personas tienen un estilo de vida que mantener. En estas vidas hay facturas por pagar, familias por mantener, escuelas que financiar, universidades, idas al cine, a la playa, carritos de supermercado que llenar, entre tantas otras necesidades que deben ser cubiertas por alguien.

Entonces estos trabajadores incansables sienten un inmenso temor de dejar a un lado esta fuente estable de ingresos y un gigantesco miedo a lo que otros puedan decir y pensar sobre ellos, si decidieran hacerlo.

Es curioso como los trabajadores se sienten seguros dentro de una empresa en la que recibirán un depósito quincenal. Pero la verdad es que la empresa podría irse a la bancarrota y terminarían igualmente desempleados. Nada, absolutamente nada, es seguro en la vida.

Pero del miedo ya hablamos suficiente.

Razón # 2 – Desconocen lo que realmente les gusta hacer

Heredamos, entre tantas cosas terribles, la idea de que debemos graduarnos de una universidad decente para poder cumplir con las exigencias de un trabajo promedio, dentro de una empresa medianamente estable. Esto de recibir pagos quincenales debe ser la mayor aspiración de la vida de un ser humano promedio.

Entre tantos ideales sembrados por la sociedad hemos olvidado y escondido aquellas verdaderas pasiones que están acompañadas de divinos talentos. ¿Qué es lo que verdaderamente amamos?, ¿para qué somos verdaderamente buenos? Dos preguntas de oro que no nos hemos detenido a responder con agudeza.

Entre tantas capas de creencias, cultura, premisas, frases, enseñanzas, miedos y rutinas, hemos sepultado aquello que nos hace sentir un plácido calorcito en el corazón. Esa chispa fue apagada por completo y regresar a ella se torna complicado cuando la hemos dejado empolvarse en el olvido.

2.1. Si supieras que no vas a fracasar, ¿a qué te dedicarías?

Es impresionante como la vida puede aclararse ante nuestros ojos cuando nos cuestionamos de la forma más eficiente y adecuada. No se trata de hacernos preguntas, se trata del tipo de preguntas que nos estamos haciendo.

Muchas veces nos hemos preguntado a nosotros mismos: "¿Cómo puedo conseguir trabajo?". De lo que no nos hemos dado cuenta es que necesitamos reestructurar esta pregunta para poder buscar una respuesta que sea beneficiosa. **La pregunta ideal en este caso sería: "¿Cómo puedo convertirme en el tipo de persona que la gente contrataría?".**

¿Notas el cambio de perspectiva? La verdad es que no se trata ahora de una pregunta vacía y demasiado amplia, sino que has direccionado la atención de la pregunta hacia ti mismo y la búsqueda de aptitudes específicas para acciones determinadas.

Ahora llevemos este planteamiento al campo del emprendimiento, que es lo que verdaderamente nos trae a esta lectura. "¿Cómo puedo convertir a mi producto o servicio en algo que la gente consuma?". Para responder debo comenzar por el principio, encontrando en primer lugar aquello que verdaderamente me motiva.

Tengo un pequeño truco, uno que utilizo para unir esas piezas desorganizadas del rompecabezas y hacer que el panorama completo tenga algo de sentido. Es mucho más sencillo comenzar respondiendo a preguntas con respuestas reveladoras, como las del cuestionario que compartiré contigo a continuación. Y no me refiero a preguntas de la misma naturaleza de la que expuse hace unos párrafos. "¿Qué harías si tuvieras un millón de dólares?".

Para empezar, sabemos que los dólares o bien los pesos, los autos de lujo o la comida gourmet, no te van a caer del cielo y ¡qué bueno!, si así fuera, la verdad no tendría sentido la vida.

Así que es un poco ocioso imaginar lo que harías con una bolsa repleta de billetes, porque esto solo ocurre en las películas y tu vida no está nominada al Oscar.

Imaginar lo que harías con mucho, pero mucho dinero, que además tú no te ganaste, no te daría una respuesta sólida con la que puedas trabajar para redireccionar tus acciones. El azar es delicioso cuando está a nuestro favor, pero sabemos que nadie tiene tanta suerte o al menos, no sin mover un solo dedo. Además, si vamos a imaginar, suponer y fantasear, quizás debemos buscar un escenario más favorable que nos ayude a obtener respuestas jugosas y no respuestas en las que te visualices jugando golf en una isla.

Esta es la versión reducida de un cuestionario de Grant Cardone, un autor del que disfruto y que me ayudó enormemente para encontrar lo que realmente debe obsesionarnos. En él hallarás diversos aspectos indispensables que contienen preguntas bastante importantes. Estos son los cuestionamientos que personalmente he rescatado, por su relevancia, y que nunca he dejado de recomendar cuando alguien solicita mi ayuda para encontrar sus verdaderas pasiones y talentos.

Intereses personales

1. ¿Qué es lo que más te emociona en este momento? Eso por lo que harías lo que fuera para poder cumplirlo.

113

2. ¿Qué es lo que siempre has querido hacer?

3. ¿Cuáles son las cosas que hacen que se te olvide comer?

Motivación

1. Si el dinero no tuviera nada que ver con mi vida ¿qué haría con mi tiempo?

2. ¿Qué cantidad de dinero me va a dar esa seguridad que necesito?

Talentos

1. ¿Qué puedo hacer yo mejor que cualquier persona?

2. ¿En qué has sido bueno desde siempre?

3. ¿Qué talentos tienes en este momento que ignoras?

4. ¿Qué haces en este momento que es una completa pérdida de tiempo?

Legado

1. ¿Cómo quieres que te recuerden?

2. ¿Qué contribuciones puedo hacer en la sociedad de las que pueda sentirme orgulloso?

Modo de vida

1. Escribe cinco personajes que consideres exitosos

2. ¿Qué admiro de cada uno de estos personajes?

3. ¿Qué tienen estos personajes en común?

4. ¿Qué tengo yo en común con estos personajes que admiro?

Energía

1. ¿Qué estoy haciendo en este momento de lo que me arrepentiré más adelante?

2. ¿Qué buenos hábitos debo comenzar a desarrollar?

3. ¿Qué hábitos necesito detener?

4. Si supieras que no vas a fracasar, ¿qué harías? ¿a qué te dedicarías?

Qué tal si en lugar de fantasear lo que harías con millones que aparecen por causas fortuitas, comienzas a imaginar qué harías si te dijeran que no vas a fracasar. Esta podría ser una motivación mucho más válida, de esas que nadie comparte. Esta puede ser una buena fórmula para encontrar lo que verdaderamente te gusta hacer.

Supongamos, para agregar la ficción necesaria a tu vida, que llega un socio a tu puerta. Este socio te dice que tiene la fórmula necesaria para hacer de tu negocio una mina de oro. Tú solo tienes una misión, dedicarte a hacer lo que verdaderamente te gusta, en lo

116

que destacas, lo que te trae felicidad, eso que te motiva y te anima. Él, por su parte pondrá la inversión de capital y se dedicará, gracias a su enorme experticia en los negocios, a enrumbar las acciones que los lleven al éxito absoluto.

Tu socio mágico, una especie de hada madrina vestida de traje y corbata, te está diciendo que hagas únicamente aquello en lo que eres bueno, que mientras lo hagas, él te asegura que no fracasarán. Ahora tienes el respaldo y la seguridad que sentías cuando estabas trabajando para una gran empresa.

Tú hacías tu trabajo rutinario, que probablemente no te hacía feliz, porque sabías que a tus espaldas alguien más pesado venía remando el bote y nunca se hundirían.

Ahora el panorama es mejor, porque alguien remará para que te sientas seguro, pero en vez de dedicar tus jornadas a tediosos cuadros administrativos, correos electrónicos y a contestar las llamadas de clientes con peticiones fatigantes, solo deberás hacer aquello que te gusta.

Entonces responde ahora: ¿qué es eso que tanto te gusta hacer? Sería más fácil responder ahora que supones que tienes un importante comodín que te evitará, a toda costa, el fracaso.

No importa que tengas la idea más loca del universo, siempre y cuando a ti te haga feliz y puedas encontrar motivación en ello. Puede ser dedicarte a cocinar pastelillos, a cantar en grandes escenarios, a ser pintor o escultor. No importa la idea, no te juzgues, estas respuestas son perfectas y absolutamente válidas. Es tu mente que ahora ha conseguido brindarte un ápice de sinceridad. Ahí lo tienes, la pintura es tu pasión. Pero tu ego te dice que no ganarás ni un peso pintando figuritas. No te desanimes, vamos por buen camino.

La iluminación, como un diamante en bruto, ha llegado a ti. Ahora el juego continúa para que puedas seguir tallando esa gema hasta darle la forma ideal, hasta que con ella puedas coronar la fórmula ganadora.

2.2. ¿Cómo encontrar tu misión?

Podrás pasar tu vida leyendo, aprendiendo, asistiendo a cursos y charlas. Sin embargo, no será sino hasta que verdaderamente encuentres tu misión en la vida que comenzarán para ti los verdaderos cambios favorables. Quizás aprendas a tener más disciplina, a vencer en ocasiones al miedo, tal vez renuncies y te sientas más a gusto con tu persona, pero si no pasas por esta casilla, tu tablero nunca estará completamente lleno.

Hasta no encontrar tu verdadera misión y propósito en esta vida, no te sentirás completamente pleno con tus metas. No creo que te imagines desperdiciando los beneficios de tus años productivos en actividades que sean poco compatibles con tus intereses.

Es decir, puede que existan personas que han alcanzado la fortuna y a pesar de ello, a pesar de las mansiones, los viajes y los juegos de golf que terminan en sesiones de masajes, no se sienten absolutamente plenos o completos. No son felices. Mientras que otros, que pasan sus días en la oficina, viviendo bajo las reglas de alguien más y con dinero suficiente para ir a unas cortas y modestas vacaciones una vez al año, se sientan absolutamente complacidos.

¿Recuerdas a mi compañero de trabajo? Ese que me dio una respuesta que me dejó boquiabierto sobre la lona del ring. Después de mucho tiempo comprendí que nuestras misiones eran absolutamente diferentes y estábamos movidos por motivaciones fascinantemente opuestas.

Lo cierto es que, a pesar de que cada uno de nosotros tiene inclinaciones propias, tenemos algo que sí compartimos: no invertimos el tiempo necesario para determinarlas. La consecuencia de no buscar el propósito de nuestras vidas es que viviremos sin satisfacciones y no brindaremos un aporte real a nuestro entorno. Continuaremos siendo parte de la manada.

Descubrir esta labor que se alinea perfectamente con tus actitudes y valores no es tarea sencilla, de ser así todos seríamos colonizadores descubriendo nuevas tierras y explotándolas al máximo.

Sigamos con la analogía del tablero y el juego. Al llegar a la vida nos encontramos en el primer nivel. La misión no es quedarnos en él, sino profundizar a través de los niveles en los que se encuentran nuestros propósitos menores hasta llegar al núcleo, en donde descansa nuestra verdadera esencia.

Estos niveles externos contienen aquellos propósitos que hemos heredado de nuestros padres, amigos y de la sociedad que nos rodea. Es probable que asistas a la universidad, te cases, tengas hijos y tengas un trabajo promedio, todo esto cumpliendo con los primeros niveles que cubren como capas a tu esencia.

Cumplir con estas exigencias no está mal, pues es a través de ellas que lograrás llegar a lo profundo. Si no hubiera tenido un trabajo en el que me aburriera hasta cansarme, entonces nunca habría descubierto que en mi esencia estaba la necesidad de emprender y ser dueño de mi propio negocio. ¿Comprendes? Debemos pasar por estos niveles más básicos para llegar a esa bóveda en la que está escondido el tesoro. La buena noticia es que nunca es demasiado tarde y no has perdido tu tiempo. Todas estas formalidades te han enseñado tu verdadero camino.

A lo largo de nuestras vidas debemos estar dispuestos a completar todos los niveles que contienen nuestros propósitos menores y estar atentos a las señales que nos redirigirán el curso hacia el propósito real y final.

Entonces te encuentras ahí, en tu oficina, son las 5:45 de la tarde y quedan apenas minutos para finalizar la jornada. Ya no tienes trabajo sobre la mesa, simplemente estás en tu silla cumpliendo las formalidades del horario. Algo que me gusta llamar "privación de libertad momentánea". Eres preso de tu propia empresa hasta que las manecillas del reloj se posen sobre el número seis.

El tedio te consume, no eres feliz. Esto no es lo que imaginaste cuando soñabas con ser un astronauta de niño y tus dibujos tenían como protagonistas los cohetes espaciales. Tienes dos opciones: seguir en lo mismo hasta alcanzar la edad suficiente para la jubilación y disfrutar de las migajas que te dejó la vida de asalariado o hacerle caso a este llamado de atención y salir a buscar lo que contenta a tu verdadera naturaleza.

2.3. Encontrando el "¿por qué?": por un mundo de trabajadores que amen los lunes

"Creo que estás cometiendo una locura si tomas trabajos que no te gustan simplemente porque quedarán bien en tu currículum. ¿No sería eso como ahorrar sexo para cuando seas un anciano?"

— Warren Buffett

Si tuviera un peso por cada vez que alguien me dice que detesta su trabajo pero que lo hace para ganar currículum, no tendría que escribir un libro más o dar conferencias. No tendría que trabajar, pues sería absolutamente millonario.

La clave para desempolvar nuestro interior es entrar en un estado de búsqueda constante de esas cosas por las que sentimos una fuerte atracción. No está mal que en el transcurso de este camino hacia el descubrimiento de tu "por qué" tengas trabajos promedios, como la gran mayoría. El truco está en no quedarte por siempre en esa zona de confort. La cotidianidad te permitirá experimentar y definir con más exactitud tus verdaderos intereses y talentos, bien sea mediante el descarte de aquellas cosas que has experimentado y que aborreces, o mediante la aplicación consecutiva de esas acciones que has encontrado fascinantes.

Si actualmente disfrutas de las actividades que realizas, no debes preocuparte. Como expusimos no tiene nada de malo estar en una oficina mientras esto te brinde plenitud. Sin embargo, hay cifras alarmantes que demuestran que un trabajo clásico de oficina no trae precisamente la plenitud deseada.

Es lamentable que la felicidad laboral no sea una realidad, sobretodo en México, que encabeza la lista de países en los que los empleados no se sienten comprometidos o satisfechos con sus trabajos. La encuestadora Gallup entrevistó en 2013 a una muestra de 230.000 empleados y los resultados fueron completamente alarmantes. Un pequeño grupo, que representa el 13% de la muestra total, fue el único que manifestó estar a gusto en su puesto laboral.

La cosa se pone todavía peor, pues este análisis arrojó que el 87% de los trabajadores del mundo sienten una fuerte desconexión emocional con su lugar de trabajo, hecho que limita fuertemente su productividad y rendimiento. El trabajo, tal y como lo conocemos hasta ahora, es una fuente de frustraciones y no un apalancamiento para la superación personal.

Es así y no es secreto para nadie, todos parecemos odiar los lunes y pasar la semana frente a una pantalla contando las horas para que llegue el viernes. Esto es algo que no tiene sentido alguno, ¿por qué hemos decidido vivir la vida en una prisión laboral?

Si esta es tu situación, o si eres como ese pequeño 13%, es importante mantener la mente abierta y con ella los sentidos, para nunca cerrarnos a nuevas oportunidades que sean atractivas o resuenen con nuestra esencia. Nunca dejemos de elevar nuestros estándares, para que dejemos el conformismo a un lado y comencemos a amar los lunes. Estos nuevos propósitos que podrías descubrir en un futuro podrían brindarte un mayor estado de plenitud. Las personas están cambiando su tiempo por dinero, lo que ocurre es que el tiempo es limitado. El dinero no.

Para verdaderamente descubrir el "por qué" debes alejarte del conformismo. Planteamientos como: "estoy en esta oficina y debería dar gracias porque al menos tengo un trabajo" le hacen un enorme daño a tu motor de búsqueda, lo inhabilitan y reducen sus habilidades para ir descubriendo lo que se esconde en tus niveles de profundidad.

Mantén viva esa voz que te invita a ponerte en situaciones incómodas, más riesgosas y, sin duda, mucho más emocionantes.

¿Qué harías si supieras que no vas a fracasar?

CAPÍTULO 3
Tomando acción

"El futuro depende de lo que hagas hoy" *-Gandhi*

Todos tenemos, en algún momento de nuestras vidas o en gran parte de ella, una tendencia a la postergación de las tareas cotidianas. Postergamos la idea de emprender, de abrir nuestro propio negocio, de ir al gimnasio, de comenzar una nueva dieta, de hacer la tarea o de lavar los trastes. Y así la lista continúa, englobando acciones que parecen pequeñas pero que afectan lo que terminamos siendo.

Existe una ley muy interesante que es de gran ayuda para dejar de procrastinar y comenzar a hacer las cosas pronto. Muy pronto.

Esta ley es la llamada "Ley de Parkinson", que expone que el trabajo se expande hasta llenar el tiempo disponible para que este se termine. Suena un poco a trabalenguas complejo, por ello vamos a explicarlo con un ejemplo más sencillo.

Quizás esto te ha pasado más de una vez. Tenías toda la tarde para hacer una tarea, entonces alguien te manda un mensaje de texto con una invitación tentadora que no puedes rechazar. Negocias rápidamente con tu mente, seguro terminas tu pendiente cuando llegues a casa, un poco más tarde de lo planteado. Al llegar a casa esa noche estás exhausto, lamentas haber pospuesto tu deber y haberte entregado a las debilidades del disfrute momentáneo.

Ahora tienes poco tiempo para terminar tu tarea. Si no hubieras salido, habrías tenido toda la tarde para hacerla. Pero la verdad es que aún estando en casa habrías desperdiciado un montón de tiempo con otras distracciones que se encuentran asechándote en tu hogar.

A las tareas, a cada una de ellas sin determinar su importancia, debemos ponerle una fecha de caducidad que no debe ser demasiado larga. Las fechas a largo plazo quizás hagan que no termines cumpliendo nunca con tus pendientes. Sin duda seremos más productivos al asignar plazos cortos para la elaboración.

Las tareas sin fecha de vencimiento se hacen eternas, no permitas que la creación de tu negocio dure para siempre.

Es un error común del colectivo pensar que no estamos hechos para ser empresarios, porque nos catalogamos como bastante productivos en nuestros trabajos de oficina, pero no ocurre lo mismo con las tareas relacionadas a nuestros propios emprendimientos. Solemos sentir que somos más eficientes trabajando para alguien más que para nosotros mismos. No solo influye el factor de la presión social, sino que también existe una fecha de entrega que ha sido asignada por el "patrón". No es lo mismo entregar un trabajo importante para una junta o reunión, con fecha pautada, a comenzar a abrir perfiles sociales para tu propio emprendimiento. La segunda actividad, a pesar de ser tan tuya y tan importante, será postergada inevitablemente.

Solemos ser empleados súper productivos, pero no podemos empezar nuestro propio negocio porque eso "saldrá cuando tenga que salir".

Cuando hay recursos limitados y nos vemos presionados, entonces encontramos creatividad, energía, enfoque, determinación. Es por este motivo, comprobado, que debemos ponernos fechas y presupuestos límites con los que cumplamos a cabalidad. Como si siguiéramos las ordenanzas de nuestros jefes más estrictos, que ahora comenzamos a ser nosotros mismos.

Si todavía no consigues ponerle seriedad a tus tareas más indispensables, las personales, entonces aquel consejo que compartís sobre platicar acerca de tus ideas y nuevos propósitos con otros, te vendrá como anillo al dedo. Si no te comprometes contigo mismo para comenzar, entonces busca comprometerte con otros. Busca en los demás ese "patrón" o jefe al que siempre le debas algo y que de alguna u otra forma te impulse.

Si queremos aumentar la creatividad y la productividad, lo mejor será limitar la cantidad de tiempo y recursos disponibles para estas tareas que queremos completar.

3.1. La historia del "nunca empezar"

Amo el café, he tomado tazas y más tazas. En parte lo hacía para mantenerme alerta durante mis jornadas laborales en la empresa donde pasé importantes años de mi vida. La otra parte estaba dedicada por completo al placer que me producía una taza caliente.

Mi primer emprendimiento estuvo relacionado al café. Había encontrado una de mis verdaderas pasiones al buscar dentro de mi interior. Ahí, cerca del núcleo que contenía mi esencia estaban estos perfumados granos invitándome a moverme y a arriesgarme junto a ellos.

Mi primo había escuchado, entre conversaciones banales, un destello que escondía mi deseo de abrir una cafetería. No le había dado demasiados detalles, pero la información que había compartido era suficiente para que él comenzara a mover sus fichas y trabajara por debajo de la mesa para que mi destino tomara nuevo rumbo. En ese momento yo no tenía ni idea, de hecho, mis días todavía transcurrían en la rutina laboral de aquella oficina y su tedio.

Recibí una llamada de mi primo, me citaba una tarde en una zona en la que estaban construyendo unos locales comerciales. No tenía nada que perder, por lo que decidí acercarme. Fue en ese momento cuando conocí al inversionista detrás de este proyecto.

Después de apretarnos las manos e intercambiar un par de palabras por pura formalidad, me hizo una invitación: "Bueno, entonces... ¿Cuál va a ser tu local?". No sentí emoción y mucho menos ilusión. Al contrario, sus palabras habían sido una especie de código para que el miedo se activara y poco a poco se adueñara de cada centímetro de mi cuerpo. Las palmas de mis manos estaban húmedas y sentía mi cara arder. ¡Vaya vergüenza! Mi rostro, rojo como un tomate, seguro me delataba.

Tan solo quería salir corriendo del lugar, regresar a mi auto y escuchar la radio, la misma música de siempre. Necesitaba llegar a casa y ver a mi esposa, requería de algo que me reconectara con mi realidad, con mi rutina, con mi zona de confort. La vergüenza no me permitió rechazar la oferta, así que despavorido comencé a examinar aquellos locales. La verdad es que mi mente estaba en blanco, no estaba evaluando las ventajas o desventajas de aquellos establecimientos, tan solo estaba actuando. Quería irme.

El azar acompañó mi decisión. "Quiero este", dije mientras señalaba. Apuntaba como una brújula que siempre indica el norte, pero detrás de mi decisión no había nada más que la necesidad de salir corriendo por la puerta.

Ese día llegué a casa y no pude ni contarle sobre la experiencia a mi esposa. Me sentía terriblemente conmigo mismo. No tardé en juzgarme, "eres un cobarde".

El tiempo pasó y yo creí que el incidente del comprometerme por "cobarde" con un local comercial, ya había quedado en el pasado. Así que poco a poco mi ansiedad empezó a disminuir, sin embargo, a las pocas semanas, recibí una nueva llamada. Si así es, una llamada del inversionista. "Tu local está casi listo, quiero que vengas a verlo y que hablemos sobre los últimos arreglos". Me sentía demasiado comprometido. Alguna vez te ha pasado que entras a una tienda y a pesar de que no tienes intensiones de comprar nada, te ves inmerso en un espiral de compromiso que te hace terminar sacando tu tarjeta de crédito en la caja registradora... Algo así, pero con una gravedad mucho mayor, me estaba ocurriendo en ese momento.

No podría quedar como un cobarde y mucho menos como un irresponsable, así que, sin pensarlo mucho respondí al llamado y conduje hasta aquel lugar. Ya tenía los tobillos metidos en el agua, entonces decidí que era el momento para sumergirme en ella por completo. Las aguas ahora repasaban mi cabeza. Si no sabía nadar, tendría que aprender a hacerlo muy pronto. De algo si estaba seguro, no quería ahogarme.

Tenía algo de dinero ahorrado, por lo que el tema monetario dejaría de representar un problema. Entonces, una vez que elegí mi local y lo pagué, comencé a buscar las vías más lógicas que tenía a mi alcance para materializar mi sueño. Había comenzado por que me vi contra la espada y la pared, pero la verdad es que hoy en día no puedo más que sentir gratitud por la intervención de mi primo y la insistencia de aquel inversionista, quien, interesado en hacer una venta, me había empujado a salir de mi zona de confort.

No estaba comprometido conmigo mismo, no fue sino hasta que me vi comprometido con alguien más cuando encontré la motivación que me hacía falta para ponerle fin, de una vez por todas, a la historia de "nunca empezar". ¿Recuerdas la jaula y el león?, a mi el destino me habían metido a la jaula con la motivación más correcta y estaba a punto de enfrentarme al rey de la selva.

Fue así como hice de mi placer un negocio. Cuando volví a mirarme a mi mismo estaba ahí, buscando granos, proveedores, comprando mobiliario, limpiando, entrevistando y capacitando personal, incluso hice unos cursos en línea para ser barista, un profesional del café, quería hacer de mi pasión un trabajo, uno que además sabía que me fascinaría.

Ver como mi negocio crecía de la noche a la mañana fue una experiencia absolutamente gratificante. Estaba aprendiendo, en el camino, a hacer las cosas que me conducirían al éxito. Algo que me apasionaba tanto como una buena y espumosa taza de café humeante. Me dediqué a disfrutar del proceso, sabía que así los resultados serían mucho mejores.

3.2. Empieza con lo que tienes

"Si no te avergüenza la primera versión de tu producto, lo lanzaste muy tarde"

— Reid Hoffman

Tengo un buen amigo que tenía un sueño nítido, quería tener un imperio parecido al de Starbucks, pero en lugar de vender café (y convertirse en mi competencia más directa) quería vender jugos. Toda clase de jugos. Entonces le dije un día: lo único que necesitas es fruta y una licuadora decente.

Mi consejo para ti es que comiences ya, sin medir o darle demasiada importancia a lo poco o mucho que tengas. Haz que las cosas comiencen a suceder, porque, si lo postergas y buscas excusas, jamás sucederán.

145

Nos hemos abastecido de excusas, que son manifestaciones del miedo, para protegernos y no enfrentar la realidad y la necesidad de comenzar pronto. El día tiene 24 horas para todos por igual, tú y Tim Cook, Fred Smith, Jeff Bezos, Howard Schultz y John Mackey tienen los mismos minutos en sus jornadas. Ellos no son magos, no tiene una máquina del tiempo, ellos simplemente fueron valientes y decidieron un buen día priorizar sus actividades para comenzar.

No te enamores mucho de la idea o de la fantasía de ser un gigante como ellos, eso podría ocurrir, pero empieza caminando antes de lanzarte una carrera. Simplemente enfócate en desarrollar algo que pueda servirle a otros, que les ayude a resolver un problema, lo demás vendrá solito y por añadidura.

Es hora de poner en marcha tu proyecto, de adelantarte a los demás, porque no podrás esperar divisar con claridad la línea de meta o de llegada, sin siquiera comenzar a vistear la del inicio. Si por ejemplo tu deseo es abrir una escuela de música, porque las notas musicales y los compases están en tu esencia y se reflejan como tu pasión, y te la imaginas grande, con miles de alumnos, numerosos y amplios salones, con sus pasillos abarrotados de bullicio, sonidos, armonías, instrumentos de altísima calidad y aparatos de última tecnología, entonces una buena forma de comenzar a moldear tu sueño es al menos instruyendo en cuestiones musicales a algunos alumnos. Sin importar si, por ahora, lo haces en la terraza de tu casa.

No importa lo pequeño que sea el comienzo, lo importante es que esta es la única vía que tienes para comenzar a construir tu gran sueño. Si no empiezas por algo, así sea comprando una guitarra de segunda mano, entonces nunca se materializarán las grandes fantasías.

Algunos consejos antes de comenzar:

Tus clientes son lo más importante.

Cuando comiences a darle forma a tus proyectos siempre recuerda una regla de oro: toma decisiones en base a lo que les conviene a tus clientes y no en base a lo que te conviene a ti. No olvides que ellos son la razón de ser de tu emprendimiento.

El dinero es el segundo plato.

Deja de enfocar tu mente en el dinero, al contrario, enfócate en tu clientela y en ayudarles en la resolución de sus problemas mientras le brindas la mejor atención posible. Entonces el dinero llegará como consecuencia, esto tenlo por seguro. Si comienzas con la mente puesta en los verdes y en la caja registradora, sacrificarás aspectos dentro del funcionamiento de un negocio que son indispensables para que comiences a ver un retorno de inversión temprano y para que la sustentabilidad aparezca en el panorama.

La filosofía de cualquier compañía no debe ser otra más que la de solucionar problemas, pero... ¿qué pasaría si esta empresa solucionara este problema de raíz y se quedara sin vender? ¿Estaría dispuesta a hacer el sacrificio por sus clientes y una vez finalizado el lapso de tiempo cerrar sus puertas?

Sucede lo mismo que en aquella historia medieval donde el caballero, por su galantería y honor, está dispuesto hasta a morir por salvar la vida de su bella damisela. Tu empresa debe ser como el caballero valiente, dispuesta a sacrificarse por el bien de otros a quienes llamarás clientes.

Si te preocupas honestamente por ellos, todo saldrá de maravilla y la damisela y el caballero de tu historia también tendrán un final feliz, como en los cuentos.

Crea tu empresa como si verdaderamente no necesitaras el dinero. Esto puede ser todavía más fácil cuando tu negocio viene motivado por tu pasión y por tu esencia, porque te imaginas disfrutando las tardes en tu acogedor café, mientras compartes con tus comensales sobre tus conocimientos y aprendes sobre los que ellos te proporcionan. Si miras tu negocio con esos ojos, en lugar de verlos con los ojos de la monetización, entonces todo marchará estupendamente y recogerás los dulces frutos que cosechaste.

Comparte tus ideas sin miedo.

No le tengas miedo al hecho de platicar sobre tus ideas. Mucha gente se limita de hacerlo porque tienen miedo a que alguien con malas intensiones les robe su "idea millonaria". Entonces en este proceso egoísta se pierden de la maravillosa retroalimentación. Además, si tienes una "idea millonaria" es hora de que la deseches. Recuerda que el dinero viene después.

Exponer tus planes hará que otros puedan brindarte, de forma gratuita y desinteresadas, sus opiniones al respecto. Con ellas podrás mejorar y reforzar aquello que quizás se te escapó en el proceso de creación. No compartir tus ideas además puede ser demasiado frustrante, pues los seres humanos tenemos un carácter social innato.

Recuerda, las ideas no valen nada. Así que nadie puede "robarte" una idea. Lo que realmente cuenta son estas ideas, una vez que son llevadas a la acción.

Disfruta del proceso de creación.

Cuando abrí mi café, además de los cursos en línea de barista, tomé clases de Photoshop, Illustrator y After Effects. Quería involucrarme en cada aspecto, desde el diseño, hasta la presentación, la selección de los granos, la atención a los clientes y la preparación de las bebidas.

Muchos al verme me aconsejaron que dejara de ser tan avaro y que contratara a alguien para estos procesos. Me decían que terminaría agotado. La verdad es que sí, terminaba agotado, pero extremadamente feliz. Estaba tan motivado y pleno, que quería disfrutar de cada parte del proceso. No se trataba de avaricia, aunque tampoco tenía un capital para derroches. Se trataba más bien de que cuando verdaderamente encuentras lo tuyo, vas a querer exprimir cada gota.

Es como aquel futbolista que es fichado, después de muchas horas de juego, en su equipo soñado. Entonces viaja a kilómetros de su ciudad, se pone una nueva camiseta, es presentado a los medios y consigue el sueldo de una súper estrella. Todo esto para pasar los días calentando la banca. Los futbolistas, por lo general, detestan estar sentados observando como el partido transcurre sin ellos. Y muchos pensarán: "No los entiendo, están mejor ahí sentados, sin hacer nada y ganando cifras exorbitantes". Pero la verdad es que para ellos no se trata de dinero, se trata de pasión. La idea es que puedas sentirte como un verdadero futbolista en tu negocio. Deja la banca para los demás, es hora de lucirte con tus mejores jugadas. El sudor y el marcador serán tu recompensa.

3.3. "Lean start-up"

El mundo del emprendimiento crece a pasos agigantados, lo que conlleva a que la competencia sea feroz. Eric Ries fue el creador del método "Lean Start-Up" y en él expone las mejores estrategias para entrar con fuerza al mundo de los negocios, un mundo en donde encontraremos de todo y que puede llegar, incluso, a intimidar y derrotar a muchos.

Son demasiados los emprendedores que cometen el error de pensar que para comenzar deben tener listo y planificado todo lo relacionado a su nuevo negocio. Este es un terrible error, pues será en el camino en donde se acomodarán determinados puntos y estrategias para volver a transitar el camino hacia el éxito, que tampoco es instantáneo. Es por ello que, como ya te había aconsejado, no debes esperar demasiado para arrancar los motores.

El futuro es impredecible y hay cientos de factores que alterarán tus planes. Por lo que estudiar milimétricamente cada paso con anterioridad, como si se tratara de un experimento con variables fijas, no tiene el menor de los sentidos.

Es impresionante que todavía en esta era, dominada por la tecnología, el internet y la globalización, se sigan creando empresas bajo el modelo tradicional. Los tiempos han cambiado y con ellos, deben cambiar las tácticas utilizadas para comenzar un negocio.

Si desde el comienzo no se lograron hacer las cosas con una perspectiva distinta, entonces el quiebre de la empresa se dibujará cada vez con más claridad en el horizonte.

Eric Ries nos enseña a crear empresas por medio de la experimentación. No podemos contar con los métodos demasiado definitivos, en tiempos que no tienen estas mismas cualidades. Eric propone un circuito de *feedback* en el que se lleven a cabo tres acciones importantes para tomar decisiones importantes durante la trayectoria. En este circuito se debe: crear, medir y aprender.

Cambiar está absolutamente bien, esto mientras mantengas clara tu visión. Lo que estarás modificando es el proceso y hacerlo es responder a las conductas naturales de tus consumidores, para buscar satisfacerlos. Cambiar no tiene nada que ver con el fracaso de tus ideas. Al contrario, fracasarás si no logras cambiar a tiempo.

Supongamos que cuando abrí mi café, mi idea era ambientar mi local con música de los años 60 y 70. **La visión** en este caso sería la de operar un café que además ofreciera buena música. Pero con el paso de los días comenzaron a llegar clientes un poco más jóvenes y comenzaron a solicitar a los camareros que si podían poner algo más movido. La música se cambió y estos comensales se hicieron frecuentes con el paso de los días. Además, invitaron a amigos y el local no tardó en llenarse. La audiencia para quien originalmente estaba dirigida el café había cambiado por completo al llevar la idea a la realidad.

Entonces, al notar la cantidad de veces que se repetía la petición, una buena decisión sería replantear el tipo de música que ambientaría el local. La visión no tiene que cambiar, seguiríamos hablando de un café con buena música. Solo que ahora en lugar de escuchar a Elvis Presley, el tono estaría más inclinado hacia las canciones de Dua Lipa, una joven cantante adorada por las generaciones más jóvenes.

El cambio no se trata de abrir un café para luego terminar vendiendo playeras u ofrecer sesiones de yoga espiritual. El cambio habla de ligeras adaptaciones que respondan a la esencia de tu negocio, pero que busquen la satisfacción del mercado, una vez que la idea se ejecuta.

Para avanzar, debemos imaginar el proyecto como una especie de experimento en el que las variables no están fijas y las decisiones se irán tomando durante el proceso, de acuerdo a las reacciones. Entonces comenzarás a crear, para poder medir los resultados de estas acciones y finalmente poder aprender de los datos finales.

3.4. ¿Cómo saber si tu producto funcionará?

Alguna vez Steve Jobs citó en una de sus fascinantes ponencias una frase de Henry Ford que es muy poderosa. Ford, el pionero de las cadenas de producción moderna y una figura distinguida del mundo automotor, dijo: "Si le hubiera preguntado a la gente qué querían, me habrían dicho que un caballo más rápido".

Steve Jobs inventó el iPod y revolucionó la manera en la que consumíamos música. No creo que se haya tomado un tiempo para preguntarle a sus usuarios si estaban dispuestos a olvidar los CD's para siempre. Los innovadores auténticos son aquellos que logran ver un poco más allá de los deseos más obvios y básicos de sus clientes y pueden llegar a entender, mejor que ellos mismos, lo que necesitarán a futuro.

Las ideas brillantes e innovadoras existen y pueden llegar a tu mente, sin embargo, mientras te iluminas, puedes comenzar con productos o servicios que sean igualmente eficientes. Una vez que hayas comenzado y dejado de postergar, podrás encontrar aquella idea brillante... Si es que ya no la tienes.

Dentro de esta metodología Lean Startup existe una técnica que funciona bastante bien a la hora de crear un producto que se venda como el pan caliente.

Bien sea que ya sepas a cuál producto apuntarás tus esfuerzos o todavía no tengas la menor idea de lo que saldrás a vender, estos pasos servirán para aportar resultados positivos en cualquiera de estos dos escenarios.

En esta metodología encontrarás cinco pasos sencillos para estar más seguro de que tu producto o servicio será vendido.

Paso 1: Crear tus hipótesis

Para crear tus hipótesis deberás escuchar aquello que te dicta tu intuición, bien sea que esta esté afinada por los años de experiencia en los negocios o porque hayas tenido una idea que, hasta ahora, considerabas brillante y necesaria para el mercado.

Este será el único momento en el que la intuición será parte de la ecuación, pues como compartimos antes, estos pasos funcionan como una especie de experimento científico en el que medirás datos y variables reales.

Para esta primera fase existe una herramienta estratégica empresarial llamada *Lean Canvas*, que te ayudará muchísimo en el proceso de análisis del modelo de negocio que propones.

El *Lean Canvas* se sostiene sobre nueve pilares fundamentales.

1. El análisis de los clientes y el segmento al que pertenecen.
2. La identificación de los problemas que estos clientes pueden tener y que el producto o servicio puede solucionar.

163

3. La proposición de valor única (PUV) que indica lo que se ofrecerá para solucionar estos problemas. ¿Qué es aquello que te hace especial?

4. Las soluciones que se brindarán a estos problemas que se le han presentado a los consumidores.

5. La identificación de los canales a través de los que se llevará el producto o servicio a los clientes.

6. La definición de los flujos de ingreso que se darán gracias a las ventas del producto.

7. El análisis de los principales gastos que encontrarás en el camino.

8. El establecimiento de las métricas claves que indicarán el correcto desarrollo del modelo de negocio.

9. La expresión de aquello que hace falta con respecto a la competencia.

Paso 2: hacer las pruebas necesarias

Seguramente estarás pensando, ahora viene la parte del experimento y todo se complicará. Pero la verdad es que este es un pensamiento erróneo que aleja a muchos de un proceso que lo que busca es acercarlos a la gloria.

Para medir tendrás que evaluar para ver si estás obteniendo conocimiento validado. Olvida las proyecciones financieras tradicionales y la contabilidad tal y como la conoces. Básate en datos que te demuestren, con conocimientos validados, el verdadero comportamiento de los consumidores. Estos datos te ayudarán a determinar si tu plan es el más ideal.

Para testear puedes basarte en acciones tan sencillas y efectivas como lo son las

165

aplicaciones de encuestas a tu base de datos más confiable. Para que los resultados sean absolutamente efectivos, comparte encuestas inteligentes que te ayuden a obtener información valiosa. Lo que quieres saber es si verdaderamente tus posibles consumidores tienen el problema al que apuntas, el tipo de soluciones que buscan ante este problema y si están dispuestos a pagar por estas soluciones.

Con las conclusiones obtenidas de esta encuesta pueden haber pasado dos cosas. Si notaste en este proceso que la hipótesis con la que comenzaste no es la más efectiva, entonces es tiempo de darle un nuevo curso a tus acciones y planes. Puedes hacerlo confiado, pues lo estarás haciendo en base a datos 100% reales y confiables, que serán el resultado de tu propia evaluación en el campo de batalla.

Quizás tu producto estuvo diseñado para satisfacer una necesidad en primera instancia, pero al ponerlo en contacto cercano con el mercado pudiste determinar que la necesidad que busca ser cubierta es absolutamente distinta. Entonces puedes hacer modificaciones para adaptarte a este nuevo nicho, que posiblemente no esté demasiado alejado del nicho que seleccionaste para comenzar.

Si en el caso contrario tu hipótesis fue validada, entonces felicitaciones, habrás encontrado una razón de peso para comenzar con menos miedo.

En ambos casos debes estar satisfecho pues esto significa que tu producto o servicio está un paso más cerca de convertirse en un producto o servicio que verdaderamente funciona.

Paso 3: poner a prueba el precio y la solución

En este paso necesitarás tener un contacto mucho más directo con tus potenciales clientes. Entonces requerirás de una pequeña muestra o grupo con los que puedas reunirte para seguir con las investigaciones pertinentes.

Puedes proponerles un encuentro y a cambio les ofrecerás algo que no represente un gasto demasiado profundo, pero que a la vez sea de su interés para que estén motivados a asistir y a brindarte sus más sinceras y valiosas respuestas (asesorías, cursos, etc.). Esto que estarás haciendo a continuación es importantísimo, así que no descuides los procesos.

En esta entrevista debes llevar a tu entrevistado a diferentes circunstancias:

1. Ponlo en contexto sobre la problemática que pretendes solucionar con tu producto o servicio y percátate si esta persona tiene también este problema.

2. Hazle saber sobre las soluciones que tu producto o servicio aportará a esta problemática planteada. Intenta indagar si estos posibles beneficios son o no son importantes para tu entrevistado.

3. Describe ahora tu producto y servicio hablando sobre sus funcionalidades y aspectos relevantes. Invita a tu

entrevistado a compartir su punto de vista y posiblemente a añadir algo que le parezca que falta en el panorama.

4. Comparte con tu entrevistado el precio que has pensado para tu producto o servicio. Entonces pídele que te comente si le parece un precio caro, accesible o económico.

Paso 4: crear y poner a prueba un producto mínimo viable

Ahora debes trabajar en un producto mínimo viable que ayude a comprobar tu hipótesis. Diseña un prototipo que no te tome demasiado tiempo o dinero, si no entrarás en un ciclo conocido con el nombre de "parálisis por análisis" y perderás años de tu vida en interminables cuestionamientos que no te llevarán a ningún sitio especial.

Antes de desperdiciar horas y horas de análisis, entrevistas y encuestas, deberás comprobar que realmente estás frente a algo que tiene absoluto sentido.

Si ofreces un servicio es mucho más sencillo. Puedes crear una página de ventas inicial para ver si las personas comienzan a contactarte. Una vez que veas si funciona, podrás crear el servicio.

Si tienes un producto tienes unas cuantas opciones. Puedes crear una buena página de ventas para ofrecer tu producto, que aún no ha sido creado masivamente, en fase de preventa. Unirte a una campaña de *crowdfunding* también resulta un planteamiento interesante para medir la popularidad de tu proyecto y para conseguir el capital para finalmente desarrollarlo. La última opción sería crear un prototipo mucho más sencillo de tu producto y venderlo a un precio reducido. Una vez que tengas el *feedback* necesario podrás comenzara a producir a escalas más grandes y respetando el modelo original.

Paso 5: aprender

El último paso es aprender de todo el proceso. Recuerda algo importante, el fracaso es determinante para poder llegar al éxito, pues solo estas caídas te dejarán ver con claridad aquello que necesitas cambiar para triunfar.

Si prestas atención a las conclusiones generadas detrás de cada paso, entonces podrás trazar un camino más limpio o absolutamente nuevo, que conduzca cada una de tus acciones al sitio más ideal.

3.5. No tienes que renunciar a tu empleo… "todavía"

Compartiré contigo un pequeño secreto ahora que nos acercamos a las páginas finales.

¿Recuerdas mi café? Pues la verdad es que mientras disfrutaba de los retos que suponía la creación de mi primer emprendimiento, seguía amarrado a los horarios laborales de mi antigua oficina. Mientras soñaba con granos de café, elegía los colores para las tazas y seleccionaba la mejor música para poner en el local, seguía obedeciendo a las órdenes de mi jefe y compartiendo con mis compañeros de oficina, que para este punto me parecían unos *zombies*.

La verdad es que existen casos en los que no tienes que dar el gran salto por completo. Solo en algunas ocasiones está bien mantener un pie dentro y otro afuera. Claro está, mientras puedas soportar la carga de ambas responsabilidades sin faltar a ninguna de ellas.

174

Hablar de modelos de negocio que estrictamente cumplan con esta función de no hacerte salir por completo de tu oficina es complejo, realmente poder seguir este patrón de trabajo compartido dependerá de las aptitudes de cada persona y de la organización que le brinde a su tiempo y prioridades. Sin embargo, existen algunos negocios simpáticos que no te obligarán a dejar tu salario mientras te dedicas a darle los toques iniciales que potencien el despegue.

Pero cuidado con las fantasías perfectas, la verdad es que todo emprendimiento requerirá de tiempo y dedicación. Si tienes la idea de comenzar con un sitio web en el que ofertes un servicio, un producto físico o uno digital, sin mayor esfuerzo, estás en el sueño incorrecto y pronto podría convertirse en pesadilla.

Atraer tráfico a tu sitio web y, sobretodo, mantenerlo, es una tarea que toma tiempo. Entonces lo ideal sería organizar tus prioridades en lugar de buscar una actividad por hacer que no te tome muchas horas, solo por el hecho de hacerla. ¿Dónde está la pasión en esta ecuación?

Si quieres comenzar a emprender, pero temes dejar por completo tus obligaciones laborales, entonces buscar un modelo de negocio en base a estas necesidades no suena como la opción más acertada. Recuerda, yo elegí el café porque era lo que amaba y sacrificaba mi tiempo de descanso para atender las necesidades del local en ciernes.

Elige el modelo de negocio que se ajuste a tu verdadera pasión y que responda a lo que le conviene a tu producto, no al tiempo de sobra que deseas invertirle.

176

CONCLUSIONES

"Solo es demasiado tarde, si no empiezas ahora"
Bárbara Sher

Ha llegado la hora, esperar más sería una locura, pues dejarías enfriar tus motivaciones y las pasiones quedarán ahí, en tu interior, para recordarte cada tanto lo que alguna vez pudo ser.

No esperes hasta vivir de los recuerdos y las posibilidades, toma riesgos como si tuvieras la absoluta certeza de que no vas a fracasar, porque fracasando es la única manera de saborear el éxito y empalagarte con su dulzura.

Si lo haces, si fracasas y caes, entonces levántate del suelo pronto y no abras espacio para las lamentaciones. Recuerda que cada obstáculo y cada derrota trae escondido un poderoso aprendizaje, una vivencia, un comodín que podría funcionarte a futuro.

No permitas que el ego, los prejuicios, los ideales que has arrastrado toda tu vida, tu familia, amigos y conocidos, te mantengan en tu zona de confort, en donde tendrás como carcelero al miedo.

Si no lo intentas, nunca sabrás que habría pasado. Es hora de que comiences a pensar diferente, para que tus acciones correspondan a tus nuevos pensamientos y puntos de vista, para que comiences verdaderamente a vivir tu vida.

Te invito a que hoy des el primer paso y abras un café, metafóricamente hablando, a que te enfrentes a todo lo que te detiene y te des la oportunidad para crecer, aprender y finalmente, triunfar.

179

Recuerda, vive la vida como si supieras que no vas a fracasar.

Jorge Moreno
jorge@publigo.co